コミュニティ

| 巻頭言 | 地域格差と衰退状況を直視・可視化する
　　基礎指標を問う………………………………………………林　　泰義 | 3 |

第8回大会
■基調講演　広がるコミュニティへの政策的関心………………名和田是彦　5
　　　　　　―近年の地域社会、自治体、国の動向から
■鼎　　談　地域コミュニティの再生と住民、自治体の課題…………………17
　　鼎談者　津村　重光（宮崎市長）／亀井　利克（名張市長）／大西　秀人（高松市長）
　　コーディネーター　林　泰義

特集論文　コミュニティ政策の現段階
(1) 地域自治区と地域コミュニティ税―地域コミュニティの再生を目指して…椎木　隆　37
(2) 地域自治と市民活動……………………谷口功、三村聡、床尾あかね、坂本竜児　50
　　―豊田市の都市内分権と協働の具体化
(3) 地域課題をバネに立ち向かう、まちづくりの進化………………小島　和幸　70

自由投稿論文
(1) マンション増加地域におけるコミュニティ運営………………田中　志敬　95
　　―京都市都心部の町内・元学区を事例として
(2) 都市開発における地縁型団体と
　　自治体の政策転換との関係に関する実証的研究…………松本　裕彦　117
　　―大阪市「生野区南部地区整備事業」の事例をとおして
(3) 地域自治組織の範域と代表性………………………………山本　素世　138
　　―丹波市旧柏原町の自治協議会を事例として
(4) 協働型事業における行政と市民との関係性………………若杉　英治　160
　　―フェニックス市の「落書き・違反広告物除去プログラム」を事例として

第8回大会　報告
プログラム……………………………………………………………………………180
第1分科会：シティズンシップの醸成……………………………大内田鶴子　183
第2分科会：コミュニティ政策に欠落する青少年施策……………山口　祐子　185
　　　　　　―若者のために何が出来るか―
特別分科会：これからのコミュニティづくりの課題と展望…………鯵坂　学　187
　　　　　　―高松市の事例から―

書　評
鳥越皓之・家中茂・藤村美穂著『景観形成と地域コミュニティ―地域資本を増
　やす景観政策』……………………………………………………乾　　享　189
名和田是彦編『コミュニティの自治―自治体内分権と協働の国際比較』
　………………………………………………………………………丸山　真央　195
広井良典著『コミュニティを問い直す―つながり・都市・日本社会の未来』
　………………………………………………………………………田中　逸郎　198
『コミュニティ政策』編集規程、投稿規程、執筆規程…………………………200
コミュニティ政策学会　第Ⅳ期役員名簿………………………………………203
編集後記……………………………………………………………………………204
編集委員会からのお知らせ………………………………………………………207

巻頭言

地域格差と衰退状況を直視・可視化する
コミュニティ政策の基礎指標を問う

　2008年歳末に出現した日比谷公園の年越し派遣村は、日本の貧困状況を象徴的に示す事件であった。派遣村活動の中心となったNPO自立支援センター・もやいの代表湯浅誠は、2008年4月に発行された著書『反貧困』(岩波新書)のまえがきで「貧困の広がりを直視せず、ただ『日本の貧困はまだたいしたことない』と薄弱な根拠に基づいて繰り返すだけなのが、2008年現在における日本政府の姿である。」と書いている。

　2009年10月20日の読売新聞夕刊は、日本の「相対的貧困率」が2007年調査で15.7％であったとの長妻厚生労働大臣の発表を報じた。日本政府は今回はじめて「相対的貧困率」を算出したが、この数字は「OECDが算出した加盟30カ国の『相対的貧困率』の中で4位と貧困率の高さが際立った。」と述べている。「相対的貧困率」の算出は、政権交代後の新政府による湯浅誠への答えでもあった。

　貧困の深刻化とともに「格差拡大」についての議論が賑やかになってきた。『「格差」の戦後史 〜階級社会日本の履歴書〜』(橋本健二著、河出ブックス、2009年10月)は、格差の基本的なとらえ方とその基礎となる階級分類を設定し、戦後格差の時代的変遷を詳細なデータ分析により追跡している。

　1945年以降5年の戦後激変期、1950年代の復興に伴う格差の拡大期、1960年代は経済成長にともなう格差縮小への転換期、1970年代は格差が底をつく「一億総中流」時代であり、階級という言葉がフェイドアウトする。

　ところが1980年代後半、格差は「急カーブを描いて」上昇し始め、1990年代には、「ほぼすべての指標が上昇傾向をみせ、日本は格差拡大の時代に入った」という。

　2000年代をまとめた終章「新しい階級社会の形成」の各節には、アンダークラスの出現、「新しい階級社会」の格差と貧困、世襲化する階級所属、階級社会という認識、といったタイトルが並ぶ。

　貧困と格差についてのこれらマクロな分析に対して、1991年に大野晃が提起

した限界集落概念は、国土空間の社会的な問題状況を、一定の尺度を定めて分析し描出している。命名には賛否両論があるが、衰退地域を直視するインパクトがある。

今世紀に入り小泉内閣が地域再生本部を設置した際も、地域衰退の実態調査・分析を踏まえて対象地域を捉え施策を組み立てる姿勢がない。極論すれば従来の看板を掛け替えただけで、規制緩和に注力したのである。

近年にいたって農林水産省調査(2005年)は「無住化危惧集落」と言い、国土交通省調査(2006年)は「10年以内に消滅の可能性がある集落」等と表現に差はあるものの、事態を直視せざるを得ない状況になった。

貧困・衰退地域を抱える諸外国と日本を比較すると、問題を直視する基本姿勢に欠け、地域別貧困率等の基礎情報がない。私が1980年代末に米国で訪ねたインターミディアリーでは、しばしば米国全土の地域別所得ランクを色分けし貧困・衰退地域が一目瞭然の全国地図が壁にピン留めされていた。貧困・衰退地域に対応した施策のための基礎情報の1つである。

英国では90年代末には、貧困・衰退地域再生の緊急性を諸指標でランク分けした全国地図があった。このランクを踏まえてブレア政権は、対応する地域の諸主体が連携した提案をうけ、両者協議で政府支援を決定している。

日本は、遅ればせながら社会・経済状況の暗部を直視し、描出する指標をひろく社会的に共有する時代の入り口に立っているといってよい。

コミュニティ政策学会には、タテ割りの行政分野を超えた巾広い専門家、市民・NPO、自治体、若い研究者等が参加している。研究領域や実践現場の視点から貧困・衰退地域の実態を簡明に表現する指標を探求し、表現することは、まさに学会にふさわしい役割である。学会員の情報ネットワークを活かして、研究成果を共有し、学会の場で集約し、社会的に発信することはできないだろうか。

名和田副会長の前号の巻頭言の提起に応える1つの投げかけである。

2010年3月31日

コミュニティ政策学会　副会長

林　泰義

コミュニティ政策学会　第8回大会

地域コミュニティの再生と住民、自治体の課題

基調講演　広がるコミュニティへの政策的関心
―― 近年の地域社会、自治体、国の動向から

法政大学法学部教授・第29次地方制度調査会委員
当学会副会長　名和田 是彦

　法政大学の名和田でございます。2005年7月に八戸で開かれました第4回大会で、私が基調講演を務めさせて頂いてから4年経ち、この間にコミュニティへの政策的関心はかなり高まってきています。それは何故なのか、どんな政策的関心であるのか、どんな将来展望を持っているのか、コミュニティ政策に関する科学的探求の課題にはどんなものがあるのかということにつきまして、限られた時間ですが、私なりの考えを申し述べてみたいと思います。

1　国レベルのコミュニティとコミュニティの制度化への関心

　まず最初に、コミュニティへの政策的関心が高まっているのが実感できるのは、国の動向です。従来あまりコミュニティ政策に関心を持っていなかった、最も腰の重いセクターがコミュニティ政策に関心を持ち始めたというところが、国民の平均的な意識の高まりを反映しているのではないかと思います。

(1)　総務省のコミュニティ論とコミュニティ政策

　総務省は、旧自治省時代にコミュニティ政策を行った中心的な省庁でして、それに関する優れた研究が当学会の第3プロジェクトで行われ、先頃、その成果が『コミュニティ政策』誌上で公表されています。この第3プロジェクトは現在も推進中で、今後も大きな期待が持たれます。自治省時代はコミュニティ政

策について、何となく立ち消えになった感じでしたが、2007年2月から急に復活しました。それが「コミュニティ研究会」で、私が座長を務めることになりました。この研究会は、2007年夏に中間取りまとめを総務大臣に提出いたしまして、一応の区切りをつけています。

　その後、2008年8月から「新しいコミュニティに関する研究会」が始まり、また私が座長を務めています。この研究会も、この夏に報告書を提出する予定です。

　消防庁も「災害対応能力の維持向上のための地域コミュニティのあり方に関する検討会」を設置しまして、大森彌先生が座長で、この3月に報告書を提出しています。

　それから、先頃終結いたしました第29次地方制度調査会、これは内閣府の審議会ですが、事務局は総務省なので便宜上ここで申し上げておきます。第29次地方制度調査会も、コミュニティを審議項目の1つに挙げていました。この6月に出された答申で、地域自治区制度を使いやすいものに改善すべきであるという提言と共に、実はコミュニティビジネスについても触れています。コミュニティビジネスという言葉ではありませんが、コミュニティにおいて経済活動が重要だというようなことを述べていまして、非常に注目すべきところかと思っています。

(2)　都市計画法、景観法などにおけるコミュニティの位置づけ

　次は、国土交通省の関係です。私が以前から注目しているのは、自治体レベルで取り組まれていた都市計画上のまちづくり条例の仕組みを、国レベルで都市計画法の中に一定程度取り込んだということです。各自治体の都市計画上のまちづくり条例につきましては、いろいろと分析しなければならない研究課題がありますが、ほぼどのまちづくり条例にも、一定の要件を満たしたコミュニティ組織を「認定」し、まちづくりに関する権限を付与するといった仕組みを持っています。

　こうしたまちづくり条例は、ほとんどの場合、1980年に創設された地区計画という制度を、自治体において工夫しているものです。地区計画制度というのは、それまで大雑把で緩いとされてきた日本の都市計画制度において、地域レ

ベルできめの細かい規制、誘導が可能になる仕組みとして、都市計画法などに盛り込まれたものです。この制度をコミュニティレベルで住民主体のまちづくりを可能にする枠組みとして活用しようと、特に1990年代後半になって、多くの自治体がまちづくり条例を制定してきたという経緯があります。

　これに触発されたように、国土交通省も2000年に都市計画法第16条に第3項というものを追加しまして、地区計画を定める際には、条例において住民または利害関係人から、地区計画の決定やその案について申し出る方法が定められるべきこととされました。そして更に2002年には、都市計画法第21条の2が挿入され、より一般的に都市計画の内容を住民やNPOが提案出来る仕組みが追加されました。このように、コミュニティの力を都市計画の運用に活かしていこうという政策的方向性が国レベルでも生じてきたと言えます。

　その他、2004年に新たに景観法が制定されましたが、これもコミュニティ政策として見逃せない展開を示すものではないかと予想しています。

(3)　地域福祉計画におけるコミュニティの扱い

　厚生労働省の関連ですが、2000年に社会福祉法が改正され、市町村は地域福祉計画を策定して、地域福祉を推進することになりました。

　私が普段フィールドにしています横浜市は、地域福祉計画に熱心で、私も全市計画の委員を最初から務めていますし、市内18区のうち2つの区で策定推進委員会の委員長をさせて頂いています。

　厚生労働省と全国社会福祉協議会が、地域福祉の推進と地域福祉計画策定の基本的な考え方として、福祉区というものを提唱しているのが注目されます。これは近隣の地域から、単位自治会、連合自治会、学校区、自治体のエリア等々、数段階からなる重層的なエリアを設定しており、それぞれの福祉区で適切な地域福祉の取組の発想を助ける考え方として、提唱されていると思われます。

　福祉の世界は、私は門外漢ですので、全国的な地域福祉計画の推進の様子はあまり存じませんが、義務付けられているけれども、策定している自治体は全体の6割ぐらいではないかといった話を聞いたことがあります。それからフィールドワークでいろいろな自治体にお邪魔していますが、地域福祉計画に熱心な自治体ばかりではないという印象を持っています。ですからコミュニティ政策

の一環として地域福祉計画を位置付けて熱心に取り組んでいる自治体もありますが、他方で、あまり熱心ではなく、むしろコミュニティ政策を別の仕組みでやっている自治体もあろうかと思います。いずれにしましても、地域福祉計画というのは重要なコミュニティ政策の一環であって、当学会の重要な関心事であり、学問的研究の対象であると思います。

(4) コミュニティ・ビジネスへの取り組み、その他

　最後にコミュニティビジネスですが、これを中心的に所管しているのは経済産業省です。私が地元の横浜市で関わっている港南台タウンカフェは、経産省の補助事業を使っていましたが、補助金が切れても2年間まだ倒れずに存続しており、このノウハウを他の地域に移転するという事業を今やっています。そういう観点からも、私はコミュニティビジネスに非常に関心が高くなっていますが、ビジネスというだけで拒絶反応を示される方も結構おられます。私の感じでは、農山村の状況が厳しいものですから、コミュニティビジネス的な発想が当たり前のように定着していると思います。むしろ大都市の比較的裕福な地域の方にとって、地域活動は無償奉仕が当たり前という発想が強いように思います。それでもこの3～4年の間に、無償奉仕だけを前面に出しても地域は動かないという発想が、だいぶ定着してきたと感じています。

　このコミュニティビジネスにつきましては、経済産業省も公式見解としての定義を持っているわけではないようですが、関東経済産業局のホームページには、「コミュニティビジネスとは、地域の課題を地域住民が主体的に、ビジネスの手法を用いて解決する取り組みと認識しております」と述べられています。

　以前は、コミュニティビジネスと称されている取組の大部分は実は補助金その他の公的資金が投入されており、ビジネスとしての自立性は薄かったと思いますが、この数年の間、例えば徳島県上勝町の葉っぱビジネスなど、本当にビジネスとして自立して、地域に経済循環をもたらしている事例が多く見られるようになったと思います。それから私は、ドイツとの比較研究をやっていますが、ドイツでもこの2年ぐらいの間に、急速に様相が変わってきており、その一環としてコミュニティビジネス的な発想がかなり入ってきていると感じています。以上、国の動向をざっと中身抜きに紹介致しました。

2 自治体レベルのコミュニティ政策

　今度は、自治体レベルではどうかということをお話ししたいと思います。国の縦割りに対応して、自治体では、それぞれの分野のコミュニティ政策が見出されるという残念な面がありますが、一方で、やはり自治体レベルの様相はそういう枠には必ずしも収まりきれないところがあると思います。

(1) 自治基本条例におけるコミュニティの扱い

　まず第1番目に、自治基本条例におけるコミュニティの扱いです。今回開催地となっております高松市でも自治基本条例の制定が今進められており、その中で高松市の地域コミュニティ協議会に関する規定が何らか置かれるかもしれないというお話を伺いました。この自治基本条例は、2000年に北海道ニセコ町の先駆的な試みを皮切りに、全国の自治体で制定が一種のブームになっているところがあります。その初めの頃に調べたとき、自治基本条例の中にコミュニティに関する規定が置かれていることに非常に興味を持ちました。ただその頃は、コミュニティを尊重すべきであるといったような、極めて抽象的な1カ条程度に過ぎませんでした。ところがこの2～3年ぐらいで、かなり様相が変わってきていることに気が付きました。即ち、コミュニティに関してより詳しく規定をする、要するに自治体内分権についてやや具体的な規定を置く例が目立ってきているように思います。例えば伊賀市などは自治体内分権制度、地域コミュニティ協議会のような仕組みを、自治基本条例の中に20カ条ぐらいの規定を具体的に置いて規定しているという例があります。あるいは川崎市のように、自治基本条例では簡単な規定に止めるけれども、別に区民会議条例というのを作って、そこで詳しく自治体内分権の仕組みを規定するという例もあります。今やコミュニティ政策は、条例上の裏付けを持って、かなり系統的に取り組まれるものに進化したと思います。条例に裏付けられているのが進化と評価するのは、私が法律分野の人間であるということによる偏見かも分かりませんが、条例を作ったり、それに位置付けたりすることを比較的嫌いがちであった日本の行政文化の中では、やはり1つの進化ではないかと思う次第です。

(2) 法律上の地域自治区制度

　次に、法律上の地域自治区制度です。以上のような各自治体レベルにおけるコミュニティ政策、地域コミュニティ協議会のような仕組みの進展を見まして、国の方も地方自治法等を改正し、地域自治区制度を創設したということは、先ほど申し述べた通りです。

　この制度には、いくつか使いにくいところがありまして、第29次地方制度調査会ではそれへの反省に立った提言をしたところです。例えば自治体の全域に立ち上げなくてもいいんじゃないか、といったことを提言しています。

　しかし、この法律上の地域自治区制度を使いながら、大きな成果をあげておられる自治体もあります。例えば本日、発表いただく宮崎市もその例ですし、他にも、地域協議会の構成員の選任を投票によって行うという民主主義の実験をされている上越市なども、大変注目される取組です。この投票という実験を受けて、地域協議会の構成員を公職選挙法上の選挙によって選ぶことが出来るようにするという提言を第29次地方制度調査会でしようとしたのですが、結局出来ませんでした。それは尚、慎重な検討が必要であるとして、先送りされたということです。

　他にも豊田市とか、新潟市、飯田市も法律上の地域自治区制度を使ってみえます。これらの取り組みについては、この6月に私の編集で『コミュニティの自治』という本を、日本評論社から出しており、その第2章にかなり詳しく論じておりますので、そちらを参照して頂ければ幸いです。

(3) まちづくり条例におけるコミュニティ組織の位置づけ

　先ほど申しましたまちづくり条例について、自治体レベルの取組を若干お話ししたいと思います。実は地区計画制度が創設された1980年の後に、すぐにこれに呼応して、これをコミュニティ政策として活かすためのまちづくり条例を制定したのは、神戸市と世田谷区の2つだけでした。ところがだいぶ時間が経過したのち、1993年に神奈川県真鶴町がまちづくり条例を制定したのを皮切りに、制定が相次いでいます。90年代半ばから制定が相次いだのは、恐らく小泉改革の下で進行した規制緩和によって建築紛争が再燃したことが、引き金に

なっているのではないかと思っています。私自身も町田市や横浜市、目黒区で条例制定に関わりました。

　まちづくり条例には、一定の要件を満たしたコミュニティ組織をまちづくり協議会といった名称で市長が認定をし、様々な権限を事実上付与するという仕組みがビルトインされていまして、これがコミュニティ政策として注目されるところです。ここで特に注意しておきたいのは、都市計画の分野というのは私有財産権の規制という面を必ず持っていますので、コミュニティ組織の仕事はどうしても権利調整とか、合意形成という仕事を含むということです。このように、まちづくり条例の分野では、住民に決定権限を付与するということが前面に出てきます。この点は、日本の自治体内分権制度が協働を前面に出しがちであるのに対して、決定権という問題が意識される点で非常に貴重な分野であると思います。しかしそれにも拘わらず、協働型の取組をする例が見られます。私が関わっています、横浜市のヨコハマ市民まち普請事業という、住民に道普請まがいのことを求める協働提案型の事業があります。高知市でも同じようなことをやっておられると思います。これは、住民自ら汗を流して作業をするものですから、協働型の政策理念が非常に入ってきているわけですが、にも拘わらずハードの事業で、人の私有財産権をいじりますので、そこには合意形成とか決定権とかいった問題が入り込む、学問的にも実践的にも非常に重要な研究材料を提供していると思います。

(4)　地域福祉計画

　先ほど横浜市が地域福祉計画に熱心だと申し上げましたが、それは何故か、私の仮説を申し上げたいと思います。横浜市は全市計画を作っていますが、18の区に分かれていて、その区が人口20万人とか30万人という規模を持っていますので、全市だけでは対応できないため各区でも計画を作り、その計画こそが本体的計画であって、全市計画は支援的計画に過ぎないという位置づけをしています。

　第一期の区計画でも既に半分ぐらいの区は、更に区の中をいくつかの地区に分けて、地区別計画を作っています。これは要するに他の自治体でよくやっておられるコミュニティ政策であり、自治体内分権に他なりません。事実上の自

治体内分権です。横浜市は、高度成長期に爆発的に人口膨張し、1年間に人口が10万人増えるような途方もない経験をしてきました。従って横浜市は長年、コミュニティ政策を展開する余裕がありませんでした。1980年代の末になって、ようやくコミュニティ施設の配置計画という形でコミュニティ政策が議論されたという程度のものです。そのときに設定された横浜市のコミュニティ施設のサービスエリアは、他の自治体で常識化していた小学校区などは、とても横浜市の力では無理でして、1～2の中学校区を想定していたということです。今世紀になり、横浜市はようやく成熟の時代を迎えてきて、だいたい連合自治会ぐらいの範囲でコミュニティ政策を発想できるようになったわけです。そこに上から地域福祉計画の策定が社会福祉法によって義務付けられ、地区別の計画を作るという形で初めて、横浜市は連合自治会ぐらいのエリアで政策的な発想をする経験を持ったと言えると思います。いくつかの区で成功をしましたので、これに力を得まして、今年度始まりました第二期全市計画においては、各区で地区別の計画まで作るべきだということが提言されました。その際、厚生労働省が提唱しています福祉区の考え方が援用されています。このように、横浜市において地域福祉計画は、遅れてきた自治体内分権制度の代替物であると言えると思います。だいたい1990年以降の、コミュニティ政策の基調をなしているのは、地域福祉だと思うんですね。北九州市とか宝塚市という先駆的な90年代のコミュニティ政策を見ましても、基調となっているのはやはり地域福祉でありまして、80年代のようなコミュニティセンターと生涯学習では必ずしもないというのが私の考えです。

(5) コミュニティ活性化の工夫

さて以上、ざっと見て参りましたけれども、自治体にはこれに収まりきれない多様なコミュニティ政策がいろいろと見られます。先ほど、横浜市のヨコハマ市民まち普請事業というものに触れましたが、この種の協働事業提案の取組が研究対象として重要だと思います。ここでは協働の取組によって、財政削減が目指される面がありますが、一方、市民社会の活力を発掘して、新しい公共サービスの仕組みを作って市民社会を励ましていくという面も観察され、協働という政策理念の意味が検証されるフィールドであると思います。

それからコミュニティを活性化するときの活動資金の問題も、非常に重要だと思っています。行政から出てくるお金が細くなってくる中で、新たな取組として注目されるのは、例えば横浜市のよこはま夢ファンドなどに見られる寄付文化の醸成です。ちょっと格好は違いますが、市川市の1％支援制度のように、税金をまけることを動機として資金を集めるやり方もあります。もう1つ別なやり方として、宮崎市の地域コミュニティ税というものがあります。これは議会の民主的なコントロールの下に堂々と税金を取るという試みであると思います。あるいは名張市のように、それまで縦割りで地域に流れていた補助金を一本化する、コミュニティ包括補助金のような取組もいくつかの自治体で見られます。このコミュニティ政策における資金問題というのも重要な研究分野だと考えています。

3　住民はコミュニティ政策をどう受け止めているか

問題は、国や自治体のコミュニティ政策が花盛りの中で、肝心の主役である住民はどのように感じ、どのように行動しているかということです。これを科学的に把握するのは難事業でして、だからこそ当学会の存在意義もあると思います。

(1)　自治会加入率の低下とコミュニティの制度化

自治会というのは、あまりにも身近な存在であるために、なかなか冷静な認識が出来にくい、特に実践的に関わっておられる方はそうだと思います。そこで私自身は、国際比較的な視点を大事にして、自治会をなるべく普遍的で理論的な枠組みの中で冷静に捉えることを重視してきました。その中で特に注目したのは、ドイツの社会学者マックス・ウェーバーの「領域団体」という概念でした。マックス・ウェーバーは、国家そのものも含めて、あらゆる団体の成り立ちについて、構成員の合意によるものと上から指令されて出来た団体があると述べています。ところが何故か、領域団体については指令されたものしかないかのように論じています。一定の領域に合意によって秩序をもたらそうということは、社会契約論のような理論的仮説の中ではあり得ても、現実にはなさそ

うだと考えたのでしょうか。ところが、自治会はまさにそれをやったのです。構成員とともに一定の領土を持っています。これは途方もない偉業だと思います。日本の住民はそれをせざるを得なかった。日本の開発主義的近代化の中で、日本は何度も合併を繰り返し、それで高度な行政サービスを効率よくこなす仕組みを作ることに腐心してきました。そのため、身近な地域的まとまりは、制度の外に放置されてきました。しかし、これでは住民は困るわけですね。そこで組織されたのが、単位自治会と連合自治会であると思いますが、これはもう制度の外に放置されているわけですから、民間の原理で、即ち国家権力の力を借りず、制度の力も借りないで、民間の力だけで一定の地理的エリアに一円的に秩序をもたらすということですから、容易なことではありません。民間の原理で一定の領域に秩序をもたらすためには、社会契約論にならっていえば、少なくとも1回、全員が合意する必要があります。平たく言うと、そこに住んでいる人全員を会員にするということしかないわけですね。先ほどのマックス・ウェーバー流に言いますと、合意による民間領域団体が自治会であるわけです。おそらく西洋人であるマックス・ウェーバーには、そんなものが可能であるとは思えなかったのでしょう。しかし我々日本人は、あるいはアジア人達は、それをせざるを得なかった。そして、途方もない偉業を成し遂げるにあたって、自治会は一定の工夫をしています。この工夫が、歴史的にどのように形成されたのかは、私にはまだ歴史研究の用意はありませんので、機能的に考えるしかありませんが、自治会の組織原則には、3つの工夫があると考えられます。

　第1は、世帯を会員とする原則です。そこに住んでいる人を会員にするというのは大変ですよね。実際の活動上でも、一人ひとりに伝達し、一人ひとりの意向を確かめ、一人ひとりに活動内容を依頼するというのは極めて大変です。しかし、ほぼみんな家族を単位として暮らしているわけですから、この単位で住民を掴んだ方が合理的です。地域の為の仕事をやってもらう時でも、個人ではいろいろ都合があるでしょうけれど、家族単位で掴んでおけば、今度の日曜日に地区内清掃をやるから誰か1人を出してくれと言えばいいわけですね。このように、会員間の負担の平等が保たれるのに非常に都合が良いので、世帯会員の原則を採用しています。

　2番目は、ボランティア原理です。身の回りの軽易なサービスを組織するこ

とが求められているので、わざわざ自治体がやっているみたいに高額の会費を取って専従職員を雇い、専門的にやっていかなくも、みんなでボランティアで安くあげてやればよいということです。

　3番目は、社会学者の方々が自動加入と言っている点です。強制は出来ませんが、実際上は会費を取りに行くとすんなり払ってくれ、すんなり会員になってくれる。要するに自治会に入るのは当たり前だという地域文化が前提としてできています。

　さて私が申し上げたいのは、この3つの点全てが現在崩壊しつつあるということです。これは歴史的な危機だと言っていいと思います。

　第1に、世帯単位は今や2人世帯、1人世帯が多数となりつつあります。すると、「今度、地区内清掃をやるから誰か出してね」と言ったら、「俺1人しかいないから休ませてくれ」となります。最後には、「やっていられないから会員をやめる」と言われてしまいます。

　2番目のボランティア原理ですが、なかなかボランティアで地域のために活動出来る人が今日、見出し難くなりつつあります。これは良く言われる役員のなり手がいないという話として表れていると思います。

　3番目に、これが一番深刻だと思っていますが、若い人達の間で自治会に入るのは当たり前だという地域文化が失われている点です。この若い世代が今、マンションなどに入居し、世帯を構成し始めています。今の40歳以下ぐらいの方々は、自治会加入率の分母に入り始めているけれども、分子には入っていないということです。これがどうも、今世紀に入ってからの自治会加入率の低下の主要因ではないかと思います。自治会加入率のデータを全部集めているわけではありませんが、今世紀に入って自治会加入率がかなり急カーブで下がってきているように思われます。このことの善し悪しは、今は問いませんが、私は大学の一教員として、今の若い世代の可能性を大いに感じていて、自治会の必要性についても、無反省に自動加入するよりはきちんとした反省と熟慮と納得に基づいて判断することになれば、それは良いことではないかと思います。

　ただ問題は、これまでのやり方ではコミュニティを組織していくことが難しくなってきたという事実です。従って、コミュニティは新たな組織原理と枠組みを必要としているのでしょう。それに応えるのが、現在、様々に取り組まれ

ている自治体内分権制度なのだと一応言えそうです。即ち、今まで制度外に放置されてきたコミュニティに再び制度上の位置づけを与えることで、コミュニティを強化する。これが今のコミュニティ政策の基調であると見るわけです。例えば高松市であれば、地域コミュニティ協議会というものを作って、連合自治会を中心にしながら、それとは別の制度的枠組みとしてコミュニティを組織することにより活性化していく。私は一応、このように現実の事態を見ておりますが、どうも一筋縄ではいかないようにも感じています。

　高松市の地域コミュニティ協議会にせよ、地域自治区にせよ、まちづくり協議会にせよ、こういった形で法律や条例、あるいは自治体の要綱に規定された制度的枠組みの下にコミュニティが再編されて、制度的な支援を得られるようになったとしたら、自治会は無くなるのかというと、そうは思えないんですね。なぜなら、どんなにコミュニティの仕組みが充実して制度が固まっても、そもそもそれを支えるのは自治会だとみんな思っているからです。よく日本人はお上に頼ってきたと言いますが、私はそのようには思えません。むしろ日本人は、あまり国家を信用していないのではないかと思っています。ヨーロッパのように、多額の税金を払って行政サービスを充実させて生活の安心を得ようという方向には、なかなか国民的合意が出来ない。まだまだ、この期に及んでも消費税は5%のままですから。そうではなくて、いわゆる協働の取組で、まあまあの行政サービスと、コミュニティ自身の頑張りで生活の安心を得るという方向で今のところ考えているのが、平均的な日本人ではないか。同じように、どんなに制度上の仕組みとして地域コミュニティ協議会とか、地域自治区とか、まちづくり協議会というものが充実しても、それを支える確かな組織として民間的原理の組織を持っておきたいと、日本人は考えているのではないかと思っています。ですから、今のコミュニティ政策は、制度化の方向によってコミュニティを活性化しようとしているわけですが、それと同時に、自治会など市民社会側の組織を同時に活性化する方向が目指されているのではないかと感じます。これは私が、この2～3ヶ月で考えた仮説にすぎませんが、あえて、この晴れがましいコミュニティ政策学会の基調講演の場で憶測として述べさせて頂いて、皆様方の議論を待ちたいと思います。どうもご静聴ありがとうございました。

コミュニティ政策学会　第8回大会

鼎談　地域コミュニティの再生と住民、自治体の課題

鼎談者　津村　重光　（宮崎市長）
　　　　亀井　利克　（名張市長）
　　　　大西　秀人　（高松市長）
　コーディネーター　林　泰義（コミュニティ政策学会副会長）

2009年7月4日(土)於高松市サンポートホール高松
注：市長は当時

○コーディネーター(林)：今回の大会は、「地域コミュニティの再生と住民、自治体の課題」というテーマをかかげています。この鼎談の中身にはこれに答える大切なお話がいろいろでると思います。名和田先生の広い視野からのお話に加えて、今度は自治体の現場で地域のコミュニティと直接向き合いながら、どのように自治を一歩ずつ進めていくか、具体の場面からの提起が話題になると期待しています。

　自治や新しい分権と言っても、大元は地域コミュニティにあります。コミュニティには、地縁的なものもあれば、テーマ別の具体的なイシューを掲げているものもあります。これが地域の中に閉じていなくて、世界の様々な人達とネットワークでつながっています。広がりは、地域コミュニティやネットコミュニティでも国際化している面が大きくなっています。この状況の中で、目の前の住民の方々がどのように地域を支え取り組もうとしているか、自治体のそれに対応した動き、あるいは住民の活動に支えられる自治体の施策など、非常に多様な問題がここにはあると思います。

　というわけで、それぞれ非常にユニークな施策を展開しておられる素晴らしい市長さんの方々からお話を伺い、多面的な展開の中でいろいろと示唆をいただきたいと思います。最初に宮崎市の津村市長さんから話をうかがいます。長年、宮崎県議会議員をおつとめになり、1994年に市長に就任されて以来、宮崎市長の重責を担っておられます。宮崎県は東国原知事がおられます

が、津村市長さんが15年間着々と進めて来られた地域コミュニティ施策の特長を、是非お話いただければと思います。

○津村：ご紹介頂きました、宮崎市長の津村です。林さんから話がありましたように、東国原さんで物議を醸しておりますが、地道にやっている市長も多いところです。最初に全体的なお話をさせて頂いて、後ほど各論の具体的なお話をしたいと思います。

　地域社会、地域コミュニティの再生というのは、日本の市町村がみんな直面している問題だと思います。宮崎市でも従来の自治会や自治公民館制度があるものですから、そういうものを中心に、老人クラブ、民生委員、地区社会福祉協議会を作って、それぞれに一所懸命やって来られ、市としてもたくさんの支援をしてきました。しかし、都市化の中で少子高齢化、核家族化が進み、地域の連帯感が希薄になって様々な問題が出てきました。今、日本でいろんな社会問題がありますが、それを極言すれば、地域コミュニティが崩壊していることが日本の社会問題ではないかという危機感を持っています。

　宮崎市の自治会は、10年前と比べて加入率が10ポイントぐらい下がりまして、約63％の人しか自治会に加入されていない状況となっています。一方、市では13～14年前からNPOやボランティアの支援を一所懸命やってきまして、九州一のボランティア都市を目指すというスローガンを掲げて、ボランティア等が非常に盛んになってきています。ただ地域コミュニティは、それに反して衰退の一途を辿っているという問題があったわけです。そして平成18年1月に宮崎市は、隣の3つの町と合併し、面積は2倍の約600Km²になったのですが、人口は6万人しか増えていないんです。この合併をきっかけに、これだけ広くなった宮崎市で、市役所が「ああせい、こうせい」と言うことは物理的に不可能になったということもありますので、旧市内を15の地域自治区、合併したところは5年間ですけど合併特例区という制度を置いたんです。要するに18の地域に宮崎市を分けまして、住民主体のまちづくりをスタートした。18の地域に地域協議会を置いて、そのサポートをしながら住民票を取れる機能を備えた地域自治区事務所、住民による地域協議会と支所的な地域自治区事務所、この2つを18にそれぞれ作ったわけです。昔、本庁管内には支所的なものがありませんでしたので、この際、合併と同時に本庁管内に支

所的なものを作り、新たに土地を買って地域自治区事務所を作ったところもあったので、結構お金がかかりました。その18の地域自治区事務所には正職員もいますが、住民による地域協議会については、地域の中から地域コーディネーター2名を嘱託として選んで頂き、地域のことはその嘱託さんを中心に進めていく仕組みになってきたわけです。最初から地域自治区を18に分けて、地域協議会と地域自治区事務所を作りました。平成18年1月に作り、最初のうちは市民の皆さんも、一体地域協議会とは何をするところだと、非常に戸惑いがあったのですが、3年半が経って、ようやく回転が円滑になったと感じています。

　次に問題になりましたのは、地域自治区を作って、地域協議会の皆さんで住民主体のまちづくりをする財源をどうするかということです。そこで宮崎市は、地域コミュニティ税という新税を作ったわけです。問題は、自治会が加入率100％ならば、自治会費の値上げというやり方もあったと思いますが、何せ今は63％の人しか自治会に入っていないので、自治会から上納させるのも無理だと言うことで、地域コミュニティ税を作ったわけです。この地域コミュニティ税は後で詳しくお話しますが、市民税を納めている方、年間1人500円で、約8000万円の財源を作っています。その8000万円を人口に応じて全18地域にお返ししています。本当は、去年から地域コミュニティ税を実施する予定でしたが、そういったお金は市の財源で出すべきではないかという議論もあり、また地域コミュニティの周知を重ねて市民にPRするため、1年間延期されました。この4月から徴収が始まって配布が始まっています。地域ごとに地域まちづくり推進委員会を組織しまして、平均約440万円をその地域まちづくり推進委員会で活用するというやり方にしたところです。市民の皆さんには、「地域自治区や地域協議会、地域コミュニティ税は初めてのことだから試行錯誤はありますが心配しないで下さい。2～3年後には立派な運用が出来るように頑張りましょう」と申し上げています。

○コーディネーター(林)：ありがとうございました。全体の仕組みが地域協議会、地域自治区事務所、地域まちづくり推進委員会、地域コミュニティ税というように、コミュニティをめぐる社会的な仕組みを立ち上げ、自治体のコミュニティ施策としてたいへん体系が整った形で進められたことが印象的で

した。

　次は名張市長さんに伺いたいと思いますが、亀井市長さんも三重県議会議員を三期経験され、2002年から名張市長としてご活躍されています。それではお願い致します。

○亀井：みなさん、こんにちは。行政は三流、されど市民活動は一流のまち、三重県名張市長でございます。私もコミュニティ学会には3回ぐらい呼んで頂いていますが、名張市がどれぐらい進化しているのか、これまでの流れ、取組についてお話をさせて頂きたいと思います。

　今年の1月20日、アメリカの第44代大統領オバマさんが連邦議会議事堂前で就任演説をされました。その中で最も強く訴えられたのは、「国民の皆さん、新しい責任の時代が訪れました」ということです。同様の言葉を、第35代大統領のケネディさんも申されています。「国民の皆さん、政府に求めるのではなく、皆さんが国家に対して何が出来るのかを考えて下さい」ということです。我が国に目を転じると、平成12年4月、地方分権一括法として475本の法律を改正し、中央集権型社会システムから地方分権型社会システムへ一挙にシステムを変更しました。国は地方自治体に対して、もう保護者としての義務は負えないから皆さんが自立に向けて努力をして下さい、というメッセージを発せられたわけで、正に新たなる責任の時代というものを法律によって示されたと、私はそのように受け止めているわけです。我が国が目指すべき方向というのは、私は間違っていないと思っています。

　私が市長に就任させて頂いたのは、平成14年4月で、大きなテーマが2つございました。その1つは正に国が目指そうとしている地方分権、そして地方主権、市民主権の社会を作っていくということです。正にコミュニティ・ニューディール、今語で言うならそんなものかと思うんですが、市民が、地域が、あるいは団体が自己決定をして自己責任で事業を運べて、そして自己実現が叶うような社会、そんな地域の、まちの仕組みを作っていこうということです。新たなる公共、新しい公、個々との協働、パートナーシップを持ってまちづくりを進めていこう、これが1つの課題でした。

　もう1つは財政再建です。名張市は、大阪のベッドタウンとして人口が膨れ上がりまして、人口が3万人から平成12年のピーク時には8万5000人となり

ました。それ以降、今日まで8年間で2000人ぐらい人口が減りまして、現在8万3000人のまちです。この人口急増時に、かなり強気の経営がなされており、長期債務がかなり膨大にありました。それから同世代の方が一挙に入居され、一挙にリタイアされ、そして一挙に税収等が減少するというまちであります。そういうことが、財政再建という大きな課題としてあったわけです。

　そこで私が思いましたのは、マイナーチェンジの連続では、この市を再生させることは出来ない。フルモデルチェンジをしていかなければならないということで、2つの大きなプログラムを作ったわけです。その1つが市政一新プログラム、もう1つが財政健全化緊急対策です。これは総合計画も含めて、それぞれが絡み合って連動し、この改革を進めていっています。それが平成15年度から本格的にスタートしたわけですが、今までの6年間で大体60億円ぐらい削減でき、今は220億円ぐらいの一般会計になっています。そして職員は、一般行政職が666人から551人と115人削減しています。つまり行政サービスを縮小してきたということになります。かなり市民からはブーイングがあります。しかし、総合計画の進捗状況を見るのに毎年実施しているアンケートでは、住民満足度は80％前後をずっと高くキープしているんです。名張は住み良い町だ、住み続けたいとするのは85％ぐらいをずっとキープしている。これは何故かというと、行政は縮小ばっかりして頼りないわけですが、それが故に市民活動が活性化し、住民自治の熟度が高まってきたと。行政の足らないところを市民活動団体に補って頂いている。いや、それ以上に活動頂いている。故にこれだけの住民満足度があるのかと思っています。しかしスリム化していくのは限界だとも思っていまして、出すところは出していかないといけない、今後そういう課題を抱えているところです。

　名張市が目指す市民主権のまち、市民や地域、団体が自己決定、自己責任、自己実現が叶う、そんな仕組みを作っていくためには、近接性補完性の原理原則を貫いていく必要があります。市民の皆さんも出来ることは自分でやって下さい、出来なければ基礎的コミュニティである166地区で解決して下さい。出来なければ小学校区単位、公民館単位の地域づくり団体でやって下さい。出来なければ基礎自治体の我々が手伝いましょう。それでも出来なければ広域自治体へ、また国へ行きましょうということです。その前提として、

都市内分権をどんどん進めていかなければならない、その主体となって頂く新しい公、これが進化していかなければならないと思っています。

　平成15年度から14の小学校区ごとに地域づくり組織を作って頂きました。これは地域内のPTA、町内会、民生委員、老人会、子ども会など全ての団体に、そこへ入っていただくお願いをして、地域づくり組織を結成頂きました。そこに使途を定めずに、公金を平等割り、人口割りで4500万円を配らせて頂きました。この財源は、それまで地域へ出していた敬老会や運動会、環境対策などの補助金が3800万円ありまして、それを使途を定めない交付金として出させて頂いて、丸6年が経過したわけです。初めは、やはり従来の補助金でやっていた事業が主なものですが、出来る事業から必要な事業への転換が図られてきています。イベント型の事業が多かったのですが、地域の課題解決型事業にどんどん進化を遂げて、コミュニティビジネスも始まってきました。また、コミュニティバスが4地区で動き出しました。これまでは不採算路線で2000〜3000万円の補助金を出して走らせていましたが、全廃したんです。しかし、高齢者や小学校の通学者をどうするんだと。みんなで考えなさいと言うことで、不採算路線には、余分に毎年100万出して、今4地区でコミュニティバスの事業が始まっています。NHKでも大きく取り上げられて、皆、余計張り切って頑張っているところです。また、コミュニティビジネスとしては、生活支援サービスや配食サービスなども始まってきています。

　ただ、この中で課題が出来てきたんです。大きく2つありまして、1つは市長は、地域のパートナーに誰をしようとしているかということです。地域づくりか、それとも自治会か。そしてもう1つは、地域づくりの資金の透明性を高めていくということです。

　いよいよ地域づくり組織も第二ステージを迎え、5つの取組を今年度から始めます。その1つは地域づくり組織の一元化として、今年3月に区長会を解散してもらいました。ただ166の区や自治会がありますが、これは当然ながら解散できません。そこへ区長や自治会長という名前でもいいので、必ず地域づくり組織に参画してもらって、一元化を図ったところです。この新たな組織づくりを7月までに立ち上げて頂いて、資金の流れも一元化していこうということです。

3つ目に、地域の将来像として計画を描いてもらって、それを市の総合計画の地域計画として位置付けていくことにしています。今3つぐらい、この計画が出来ています。
　4つ目に、この地域づくりにそれぞれ3名ずつ、市の職員を兼務で配置しました。
　そして5つ目に、この課題は地域づくり組織と目的別団体の協働で進めていかなければならないということで、今年2月にワールドカフェと言いまして、14の地域づくり組織と目的別団体3つがそれぞれ5～6人出席してもらい、計17テーブルを作って、1人必ずそこに残って地域や団体の解説を頂き、残りの4～5人は自由に他のテーブルに行くわけです。これは15分ずつぐらいで交代していきますが、非常に有効だと思っています。
　それが5つの課題ですが、目的別団体の活性化については、市が今までやっていたことを民間で出来ないか、市から提案して、それに応募してもらってやって頂いたり、逆に、目的別団体から提案してもらって、1件20万円を限度に計500万円を審査会で決めて、委託料として出させて頂いています。6年間で153事業やりました。
　それから平成22年は第3ステージとして、法人化があります。権利、義務の帰属主体を明確にして、契約をどんどんやっていくことになりますし、会計処理の透明性をより高めていくためにも、法人化をしていくということです。

○コーディネーター(林)：ありがとうございました。非常に分かりやすいキーワードを次々と連発されながら、地域住民の方々の力、お役所の身を切るような財政スリム化と合わせて、独自のやり方を展開された、非常に印象深いお話でした。
　さて次は、今回のコミュニティ政策学会の大会を開かせて頂くにあたり、大変お世話になっている高松市の市長さんにお話を頂きます。大西市長さんは自治省に入庁後、ずっと行政畑を来られて、平成19年に市長になられたということです。

○大西：みなさん、こんにちは。高松市長の大西でございます。まずは、第8回コミュニティ政策学会を高松市で開催して頂き、本当にありがとうござい

ました。高松市においで頂きましたことを、市民を代表して歓迎したいと存じます。せっかく県外からお越し頂いた方もおられますので、少しばかり高松市の紹介をさせて頂きたいと思います。

　高松は、昔から多島美を誇ります非常に風光明媚な瀬戸内海に面し、様々な面で海との深い関わりの中で、香川県の県都として、また四国の中枢都市として発展してきたまちです。また、非常に雨が少なく温暖な気候のところです。高松が拓けたのは、鎌倉時代ぐらいからですが、高松として名が付いたのは、1588年に豊臣秀吉の家臣の生駒親正が玉藻浦に城を築いて、高松城という名を付けたところから始まっているということです。その後、生駒4代、松平藩11代の城下町として発展してきました。明治23年2月15日に全国で40番目の都市として市制を施行しまして、ちょうど、来年が120周年になります。

　高松は、恵まれた風景と地理的優位性を活かして、四国の中枢都市として発展してきたわけですが、昭和63年に瀬戸大橋が開通し、平成元年には新しい高松空港が開港、また高速道路も通るようになって、大きく交通環境が変わってきました。総体的に玄関口の機能等々は落ちていったわけですが、市勢自体はそれほど大きく衰退することなく今日に至り、平成11年4月には中核市に移行しています。

　平成17年に近隣6町との合併で、面積が197km²から375km²へ約1.9倍、人口が33万人から42万人と大きくなり、昨年4月から新しい総合計画を作ってスタートしています。この総合計画の目指すべき都市像を、「文化の風かおり　光りかがやく　瀬戸の都・高松」と、文化を重視しながら、人、まちが光輝く、そういう瀬戸の都を目指していこうと、各施策総動員をして今、やっているところです。

　その総合計画の中でも、コミュニティを非常に重視していて、「参加と協働で進めるコミュニティを軸としたまちづくり」を、大きなまちづくりの柱の1つとして置いています。なぜ今、地域コミュニティを重視しようとしているのかというと、一番大事なのは地方分権改革の進展によってコミュニティを重視せざるを得ない、あるいは今後の分権型社会を展望するにあたって、コミュニティを強化していかないと、とても市民満足度は上がっていかないだろうということです。要は、基本的に自分達の社会は自分達が作っていく、

自助、共助、公助による補完性の原理に基づいた協働のまちづくりが一番大切になってくるだろうということです。

その中で、公助の部分でも、今までの行政サービスと同じやり方ではもはや通用しなくなっていて、特に市民参加と市民の働きを一体化して、行政サービスをやっていかないと、実際の効果がきちんと出ないし、住民満足度も上がらないので、新たな公というものを考えていかなければならない。コミュニティやNPOと行政とが一体となって、公助の部分を展開していくことが必要だと思います。

それから、シティズンシップの醸成として、それぞれの町に住む人達が誇りを持って住み、あるいは住んでいて良かったと思えるためには、市民自身が変わっていかなければならない。そういう市民を育てていくためにも、コミュニティを主体としていく必要があると思っています。

高松は、合併して42万の中核都市になっていますが、市長になっていろいろ見聞きさせて頂いていると、思っていたよりもずっと自治組織が充実していると率直に感じました。それは、いろんな諸活動団体がある中でも、連合自治会の組織が充実をしていたということです。この連合自治会が中心となって、PTAや婦人団体など、いろんな活動団体をまとめてコミュニティ協議会が設立されたことで、この規模の都市としては、非常に中身のある充実したコミュニティ組織の形成に向かって進められてきているのではないかと自負してところです。

元々、平成14年に連合自治会連絡協議会から市に対する働きかけで、コミュニティ組織の形成が図られたことが大きいかと思います。平成17年には合併前の高松市全35地区でコミュニティ協議会が作られています。その後、近隣6町と合併を致しまして、全部で44のコミュニティ協議会が設立されています。昨年度にはコミュニティ協議会全体の連合組織として、高松市コミュニティ協議会連合会というものが発足しています。これからは、このコミュニティ協議会の組織や活動等をより充実させていきたいと思っていますが、特に、事務局機能を強化していくために、国のふるさと雇用再生特別基金を使って、各コミュニティ協議会に臨時職員を3年間配置しようと考えています。

コミュニティ推進事業の中で今年度から始めた一番特徴的な事業としまし

て、地域ゆめづくり提案事業というのがあります。これは、コミュニティ協議会からいろんな事業提案を頂いて、その中でモデル的なものを3つぐらい選んで、財源を助成していこうというものです。3つの事業枠に対して、5協議会から応募があり、審査員の投票によって3事業が選ばれました。出来れば来年度以降は、枠を追加して事業を広げていきたいと思っているところです。

　高松市のコミュニティ施策としては、当然のこととしてヒト、モノ、カネ、情報が大事ということになります。この中で、中心になるのは人とお金になると思いますが、人という意味では、元々連合自治会を中心に、各種団体を構成員としてまとめていますので、そういう中で上手く横の調整が図られるようにしていきたいというのと、新しくコミュニティに入ってくる人のために、いろいろな研修事業やリーダー養成事業も始めています。特に今、団塊の世代が定年退職をちょうど迎えますので、こうした人達に出来るだけ地域デビューをして頂こうと、ちょっと興味ある方を入りやすくするための研修事業やリーダー養成事業をやっていきたいと思っています。その他、コミュニティ協議会の意識が薄い地区を、職員がサポートするサポーター事業等々も始めています。

　お金の面では、平成18年に旧市でコミュニティ協議会が出来て以来、だんだん補助金を一元化して、やっと平成21年度から地域まちづくり交付金にまとめることが出来ました。これは縦割りで交付していた団体への補助金を、地域への交付金として総額1億6000万円を配っています。ただ、名張市さんみたいに客観的な基準ではなく、従来の補助金の積算で総額を決めています。その他、コミュニティセンターの整備や情報発信なども充実していきながら、コミュニティ協議会を活性化していきたいと考えています。

　それから成果と課題ですが、市民側からすれば、コミュニティ協議会がちゃんと結成され、地域間交流によってコミュニティ協議会同士で競争意識が出来たというのが成果としてあります。課題としては、まだ出来上がったばかりですので、活発に活動しているところと、あまり活動がされていないところもあります。

　行政側からすれば、基盤が出来ましたので、これで今から連携をやってい

けば、良い面がかなり出てくると思います。そして、特に職員自体がコミュニティ協議会を良く分かっていないので、コミュニティ施策に対する理解を深めるための職員研修が必要かと思っています。

　今後の地域コミュニティづくりに向けた重要課題とその対応についてですけれども、地域コミュニティ協議会がそれぞれの地域に出来ましたが、その位置付けがまだきちんとしていないので、自治基本条例を作ろうとしているところです。本当は昨年度中に作る予定でしたが、議論が噴出しまして、条例の制定時期を1年延ばして、今年度中に作ろうと今、最終段階に入っています。

　それから新たな地域行政運営体制として、コミュニティ協議会を活かすためにどういう運営体制が必要なのか、特に、行政の直接サービス窓口である支所とか出張所とは別に考えていますので、この辺もまだ議論があるところです。

　最後に、私は、コミュニティ協議会というのは市民活動団体として横割りの団体だと位置付けていますが、縦割りの団体として、NPOなど分野ごとの市民活動団体がありますので、何らかの形で、縦割りの市民活動団体と横割りのコミュニティ協議会を上手くマッチングして、コラボレーション出来るいろんな事業を展開して、それがより良い地域づくりにつながっていくのではないかと思っています。

○コーディネーター(林)：どうもありがとうございました。私の体験では、市長さんが代わってそれまでの蓄積がどこかに行ってしまうという場合もありますが、高松市は前向きに展開されているうらやましいケースだと思いますし、今後、期待したいと思います。

　さて、3市とも特徴のある取組をしておられますが、いずれも共通して、コミュニティが自治体施策の中で基礎的な重要なポイントになっています。いくつかの施策を組み合わせながら、次第に地域の自立、市民自身の自発的な動きへと発展させておられます。

　では、さっそく会場からご質問やご意見を頂きたいと思います。

○山本：奈良県立大学非常勤講師の山本です。基本的なことの確認ですが、それぞれのコミュニティ協議会の範囲が異なっていると感じましたので、何故

その範囲なのかということを教えて頂けたらと思います。
○コーディネーター(林)：その他、いかがでしょうか。
○久保：新宿区役所の久保です。名張市長さんのご発表の中で、かつてのイベント型事業から課題解決型へと地域自治の取組が変わっていったというご紹介がありましたが、そのきっかけや仕組み、手当などがありましたら教えて頂ければと思います。
○コーディネーター(林)：もう少しどうでしょう。
○角之上：地方公共団体金融機構の角之上です。高松市さんのように、地域でせっかくコミュニティ協議会などの形で地域コミュニティを再現されても、地域によってやり方が分からないとか、理解力や活動に差が生じるのは、どこの地域でも同じだと思うのですが、何か工夫をされているものを示して頂けると非常に参考になります。
○コーディネーター(林)：非常に重要なご質問を頂きました。更にいかがでしょう。
○鈴木：愛知県田原市の鈴木です。自治体によるコミュニティ活動を下支えする様々な制度が大変参考になりました。一方それを使いこなすための、地域コミュニティ自身の組織運営の適正化だとか、地域コミュニティのエンパワーをどんな形でされているのか、自治会レベルやコミュニティレベルで教えて頂ければと思います。
○コーディネーター(林)：この問題も常に課題となるポイントだと思います。もう一方いかがでしょう。
○乾：立命館大学の乾です。京都市でこういった地域自治組織のあり方を検討していまして、非常に参考になる話を伺わせて頂きました。その中で、宮崎市の場合、自治会はどう位置づけられるのか、また、自治会費を納めている6～7割の方と納めていない方とでは、サービス面でどういう扱いになっているのかを伺いたいと思います。
○コーディネーター(林)：これも是非伺いたいことですね。それじゃあ市長さん達にお話頂きたいと思います。最初に、地域協議会の範囲や様々な施策の視点を伺いたいと思います。津村さん、いかがでしょうか。
○津村：宮崎市の場合は原則、中学校区だったのですが、地域自治組織の相談

をするときは自治会連合会さんが中心だったんです。従いまして、大体自治会の15のブロック連合会の区域になっているんです。市内には3つの中学校を持つ5万6000人の地域自治区もあって、大き過ぎるので中学校単位にしましょうと言うんですけど、従来からのキャリアのある自治会長さんが、何十年も一緒にやってきたんだということで、なかなか理解されません。

○コーディネーター(林)：はい、ありがとうございます。亀井さん、いかがでしょう。

○亀井：名張市は、区や自治会の基礎的コミュニティが166あります。そして地域づくり組織としては小学校区単位です。これは何故かと言いますと、やはり福祉活動や教育活動、あるいは環境への取組などを考えていくとき、小学校区単位が一番まとまりがいいということです。

○コーディネーター(林)：はい、ありがとうございます。大西さん、いかがでしょう。

○大西：高松市の場合は、コミュニティ協議会の範囲自体は、もともと連合自治会の範囲となっていて、基本的に連合自治会が小学校区単位で組織されていましたので、ほぼそれに近くなっています。小学校区単位が一番いいと思いますのは、やはり地域で学校の面倒を見る、特に安全の問題というのをコミュニティ協議会が主体でやって頂いておりますし、地域で一緒になって教育の問題を考えていけるという体制からしても、小学校区単位ぐらいが一番適当ではないかと思っています。

○コーディネーター(林)：はい、ありがとうございます。いかがでしょう。やはり小学校区単位というお話がありましたが、実はそれと自治会あるいは自治会連合会との関わりがあって、そういうものを含めて判断し、具体化しておられるということになると思います。いかがでしょうか。

○山本：ありがとうございます。宮崎市さんの場合はそうされますと、自治会から小学校区とかの間を挟まずに、いきなり中学校区のブロックへ行くわけですね。

○津村：そうです。

○山本：はい、ありがとうございます。名張市さんの方も、基礎コミュニティである自治会から小学校区、それから全体の連合会はお持ちなんでしょうか。

○亀井：地域づくり交流会は持っていますが、区長会は今年の3月に解散して頂きました。

○山本：ということは、交流会であって事業体ではないと捉えてよろしいでしょうか。

○亀井：そうですね。

○山本：ありがとうございます。高松市さんの方も単位自治会があって、小学校区の連合会で全体の連合会という構成になるでしょうか。

○大西：全体の連合自治会連絡協議会というものがあります。

○山本：分かりました。高松市さんにもう1つお聞きしたいのですが、合併をされた地区は、元々旧町の連合会というのをお持ちだったと思うのですが、それを小学校区単位としますと、区割りが変わってしまうのではないかと思いますが、実際に関わってみえる住民の皆さんは、どう考えてみえるのでしょうか。

○大西：6町と合併し、大きいところで人口3万人弱、小さいところが3千人でしたが、合併時点で、町単位あるいは小学校区単位で連合自治会的組織があったのは一町だけでした。従いまして、コミュニティ協議会を作る前に、まず連合自治会を作るという作業がありました。これについては、二度手間にならないよう、いきなりコミュニティ協議会にすればよいのではないかというご意見もありましたが、本市の自治会関係補助金の交付手続上、連合自治会を通して行っていた関係もあって、そうせざるを得ませんでした。合併地区の住民の皆さんのご理解とご協力により、連合自治会を設立し、さらにコミュニティ協議会を設立することについては、比較的スムーズに運びましたし、それほど大きな抵抗はありませんでした。

○山本：どうもありがとうございました。

○コーディネーター(林)：具体化するときには、やはりそれぞれの地域の実状に合わせて調整し、軟着陸していると思います。それでは次に、地域コミュニティ組織の運営や自立の仕掛け、支援の仕方はどのようにされているか、お聞きしたいと思います。どうでしょう、津村さん。

○津村：宮崎市が中学校区単位に地域自治区を作りましょうと言っているのは、既に単位自治会に自立回復出来る力が無くなっていることが1つのきっかけ

です。中山間地域では、単位自治会の規模が40世帯ぐらいで高齢者が半分以上というところがあります。一方、中心市街地でも高齢化が進んでいて、おじいちゃん、おばあちゃんだけで自治会をやっているという限界集落みたいなところがあるんです。自治会ガンバレと言っても無理で、中学校単位で単位自治会を助けながら、あるいはコラボレーションしながら、単位自治会もエンパワーする仕掛けが宮崎市にはあります。

　それから、本庁管内の20万人が住む中心部には支所が無かったものですから、そこに拠点施設として地域事務所を作り、嘱託のコーディネーターを2名ずつ付けるという仕掛けをしています。

○コーディネーター（林）：ありがとうございます。名張市ではどうでしょう。

○亀井：仕掛けって別に無いです。要するに市民の自発的活動をいかに行政府がサポートしていくかということに徹しています。始めてから1年ぐらいで2つの地域づくり組織がいろいろあって解散したんです。担当職員も慌てましたが、放っておいたらいいということで、また1年後には再編成されまして、今では優等生の地域になっているところもあります。要するに行政があまり手を突っ込んでいかない。古い自治会や区長会もありますから、名張市区長会は思いきって解散して頂きました。これは50数年の歴史を持っている団体で、市の要綱にもきちんと位置づけられている団体ですが、これから本当にその地域の民意を反映させる団体として行くためにも、一元化していかなければならないということで、解散して頂きました。

○コーディネーター（林）：具体的な状況が目に届くスケールの自治体の良さ、強みということがあるわけですね。大西市長さん、どうでしょう。

○大西：全市で44のコミュニティ協議会が出来て、それを束ねた連絡会議も作っています。その連絡会議で全体の情報交換会も出来ますし、大きく5、6のブロックに分けて交流会を催して情報交換をしています。やはり、全市で出来ますと、横を見る習慣が付いて気になるんですね。先進的な取組をしているコミュニティ協議会の役員の方に来て頂いて、自主的に勉強会を開いているという動きも出てきています。そういうことによって情報が共有化され、少しずつ育成されていくのかと思っています。もちろん行政の方に問い合わせ等があれば、積極的にいろんな情報提供をしますし、アドバイスも致します。

インターネットで、コミュニティ関係のネットワークとしてコミネットというのを作っていまして、それで情報交換や必要な情報提供もやっています。
○コーディネーター(林)：ありがとうございます。田原町の鈴木さん、いかがでしょうか。
○鈴木：ありがとうございます。自治会の加入率が低下し、これまでの習慣がなかなか変えられないと困っているよりも、新しく市民協働の活動組織を作った方が、ひいては自治組織にいい影響が出てくると受け止めさせて頂きました。
○コーディネーター（林）：自治会もいろいろあるというお話を市長さんたちがおっしゃっていましたが、自発的にコミュニティ団体が生まれたものと、代々、地域の任務のように受け止めてやってきているのがあって、その辺の違いも含めて、いろいろ工夫される点があるのではないかと思うんですが。
○津村：力のない単位自治会に限って、古い自治会長さんが辞めないものですから、若手が入っていけないんです。だから若手は地域自治区活動に入って、そこで活動の場を見つけてもらう。地域自治区でいろんな活動をやる中で、名誉職でやっている人は、ついていけなくなって辞めていかざるを得なくなると推測しています。
○亀井：地域づくり組織の中には福祉や環境、安全といった部会があって、地域団体がそれぞれ部会に入っていますから、その組織が沈滞化していくということはそうないわけです。また、14地域の交流会は毎年2月に行われていて、それぞれの団体から特色ある事業を発表頂き、先にやられているところから学んでいくので、凸凹はだいぶなくなっています。その他、目的別団体と地域団体との協働をより高めていく手法として、先ほども申し上げたワールドカフェの手法が非常に有効だと分かりました。これをもっと広めていきたいと思います。
○コーディネーター(林)：これはワークショップ型と言うか、しかも違う種類の団体がクロスしていく、非常に示唆に富んだ方式ですね。大抵は同じような連中が集まるんですけど、様々なことをやっている人達と一緒になると、また全然違う見解の話になるので、そういう機会は非常に大きいですね。大西さん、何か付け加えがありますか。

○大西：課題であった縦割り組織の意識改革も、高松市ではコミュニティ協議会という横割りの組織が出来たので、他者や横との交流、NPOなどと交わることによって、意識啓発が出来てくると思います。ただ今のところ、縦割り組織を解体するとか、そこにコミュニティ協議会を全部とけ込ませるということまでは必要ないと思っています。

○コーディネーター(林)：むしろ、異質な出会いが良いのかも知れないですね。

○角之上：やはり情報が来ないと言いっ放しの地域だけじゃなくて、自分達の自主的な意見交換の場を設けておられる高松のお話とか、他の地域ではないタイプの団体さんとも意見交換をする名張の話であれば、縦横広く地域全体で情報共有が出来るので、コミュニティ力がすごく上がるという、示唆に富んだ事例を教えて頂きました。

○コーディネーター(林)：ありがとうございました。次のご質問で、名張市長さん、どういうきっかけでイベント型から課題解決型に変わっていったんでしょうか。

○亀井：その地域は必要だと思って選択しているわけです。初めのイベント型事業は、今まで敬老会や運動会、祭りなどへの補助金があったんで、それを焼き直したものしか出来なかったんです。ところが、地域にはこんな課題があるやないかと、課題解決型事業への転換が図られてきているということです。コミュニティバスなんかはすごいですよね。今まで2000〜3000万円出していたのを、たった100万円出しているだけなんですが、順調に動いているわけです。また、高齢化が進んで、高齢者だけの世帯、独居高齢者の世帯があると、日常の生活の中で困られることがあるんです。それに対して、地域づくりがチームを作りまして、例えば屋根瓦の修理や庭の草むしりを1時間1000円でお手伝いするとかいうのがあるんです。

○コーディネーター(林)：現場から気づいて、それに対する取組を皆さんが考える。それが、お金の仕組みの中から出てくるというお話でした。次に、宮崎市のコミュニティ税について、自治会費を納めている人と納めていない人がいることに関してのご質問がありましたが、いかがでしょうか。

○津村：地域コミュニティ税の最も原始的な動機は、防犯灯の電気代は自治会さんに払って頂いていますが、自治会に入っていない人が多くなりますと、

入らない人は防犯灯をただで利用するじゃないかということから、防犯灯の電気代は全員から取った税金でやったらどうかということでした。しかし、自治会に入っている人にすると、二重払いじゃないかという批判が当初はありました。今度の地域コミュニティ税は、明確には地域自治区税です。もう単位自治会ではやれない、人材を集めないと出来ない事業を地域自治区でやっていますので、自治会費と地域コミュニティ税は二重払いには当たらないという説明を1年間やりました。

○コーディネーター(林)：乾さん、いかがでしょう。

○乾：普通、いろんな地方自治体で自治組織に助成金を出している話も、同じ理屈の中に存在するわけですが、コミュニティ税という地元に戻るお金を作った時に、ある種の諸刃の刃みたいな部分を感じています。京都市は、自治会が集まった自治連合会、学区自治連合会というのがありますが、例えば、自治会で集めた金でお祭りの景品を出すのに、あそこのマンションの子へは出せへんとかいう話が出るんですよ。先ほどの名和田先生の話を借りるならば、制度の外に出来上がってきて、自分達で何とかしようとやってきた組織では、払う人と払わない人をきっぱり分けるという意味では、会員システムになってしまっている。もともと皆が入っているときには表に出てこなかった問題が今、大きくある時に、自治体としては地域を自分達で何とかして欲しいと大きな仕組みを作りたいけれども、一方で、制度の外で作ってきた地元の人達は、それをどう受け止めて活用するかというときに、本当に納得させることが出来ているのか。要するに、サービスを明確に分けるのであれば話は分かるんだけど、たぶん分けられないと思うんです。コミュニティ税で使ったお金は、自治会費を払っている人も払っていない人も等しくしていくと、自治会費はどういう使われ方をするのか、別のサービスを進行するのかという辺りをお伺いしたかったんです。

○津村：地域コミュニティ税を使った地域自治区の活動は、全メンバーにやるわけですので差や区別はつきませんが、自治会では若干区別があります。それがどう絡んで、上手く接点があるのかは、なかなか答えにくいところがあります。ただ、地域自治区でいい活動をすれば、今まで自治会活動に関心のなかった人も、地域での住民自治に対する関心も起きつつありますので、未

加入者の皆さんが、地域自治区の活動に参加することで自治会に入ってもらえるのではないかという期待も持っています。
○コーディネーター(林)：ありがとうございました。あっという間に時間が経って参りまして、最後に各市長さんから一言ずつお願いします。
○亀井：先ほどの話ですが、一般的な話として、受益と負担の連動の透明性を高めて、きちんと報告をする中で理解を得ていくしかないですね。ですから、ゆめづくり地域交付金や自治会費、部費など、個別の事業報告を頂いて、理解して頂くしかないのかと思います。
○コーディネーター(林)：ありがとうございます。受益と負担というのは非常に大切なポイントですね。
○大西：税で仕組んだ以上、法的に目的税ですから、コミュニティのために使うという目的を満たしていれば何に使ってもいいと思いますし、自治会費との対応は別に議論されるべき問題だと考えています。あと、コミュニティを重視していくことについては、国民的な関心が非常に高まっていると思います。「ご近所の底力」というNHKの番組は、2002年に始まって2桁の視聴率を採っているロングランの番組ですが、その理由は、課題解決型の番組だからとチーフプロデューサーから聞きました。やはり国民のコミュニティに対する期待があり、何かあれば自分が参加したい、課題解決のために知恵を出したい、そういう欲求が潜在的に高まってきていると思います。そういう意味で行政がコミュニティという基盤を整備し、それを使って分権型社会の中で行政サービスを協働で進めていくという方向性は間違っていないと思っています。
○コーディネーター(林)：ありがとうございます。津村市長さん、いかがでしょう。
○津村：今回の地域自治区と地域コミュニティ税のセットは、初めての試みですから、軌道に乗るまで3年掛かると思いますが、何とかしてやっていきたい。私は映画で言えばフーテンの寅さんが好きで、あれはケンカはするけど、皆お人好しでお節介を焼くからケンカになるんですね。フーテンの寅さんというのは日本人の心情に合ってるんだと思いますし、終戦直後までは、ああいう雰囲気は日本のどこにもあったと思うんですね。ああいうのが現実のもの

になる努力をしないと、日本は益々社会的な問題が混在化していくんではないかと、地域自治区の活動の中で、少しでもフーテンの寅さんみたいな世界になったらいいなと思っています。

○コーディネーター(林)：ありがとうございます。亀井さん、何か一言ありますか。

○亀井：我が国は明治維新以来、中央集権型社会システム、護送船団方式でやってきたわけですが、これは国民のニーズ、地域の要請に応えていくためには、組織の肥大化が避けて通れないという課題がありました。ただ、右肩上がりでどんどん成長し、税が潤沢な時は、その制度を維持していけましたが、経済の安定成長、少子高齢社会、生産年齢人口の減少、税収減によって、制度が維持出来なくなり、地方分権型システムに転換を図らざるを得なかったということです。今後は、市民主権、地方分権の流れは絶対変えられないし、変えてはならないと思っています。

○コーディネーター(林)：ありがとうございます。今、お話を伺っていて感じるのは、各市長さんそれぞれに具体的なコミュニティの状況を考え、実行し、その反応を再び次のアクトに活かすということをずっと繰り返しながら、1つの社会的な仕組みが定着していくための構想を少しずつ具現化して行かれている。ご質問をすれば、非常に深く考えられた、経験を通じて得られたことを答えられるということが我々に参考になると同時に、市民の知恵や自発的な活動というのは、いろんな形で生まれてくるんだと、現場で解決する力があるんだと思いました。現実は行政に頼るというスタイルもいっぱいありますが、どこかで気が付いて自主的に動き出すと、それが広がってパワーになる。今日おいでの市長さんたちの地域は、いろいろな蓄積を住民の方々と一緒に作り出して来ておられます。地域の現場では、明るい未来が見えてくると思います。今日は3市長さんにいろいろなお話を伺えて、感謝しています。どうもありがとうございました。それでは、鼎談を終わらせて頂きます。

以　上

──特集論文　コミュニティ政策の現段階──

地域自治区と地域コミュニティ税
── 地域コミュニティの再生を目指して ──

宮崎市市民部地域コミュニティ課
前課長　椎木　隆

※　本稿で取り上げられている「地域コミュニティ税」については、その後、制度廃止を公約に掲げた新市長が誕生し、廃止される方向で見直しが進められています。
　したがって、今後、その内容が変わる可能性がありますが、同制度の先駆的な試みを記録に残しておくことが重要であると判断し、本稿では、現状をそのまま記述していただくことにしました。　　　　　　　　　　　　　　　　　（編集委員会）

1　はじめに

　宮崎市は、平成18年1月1日に佐土原、田野、高岡の3町と合併し、人口約37万人の県都として新たなスタートを切りました。
　旧宮崎市には、地域自治区（地方自治法の一般制度）、旧3町には、合併特例区を設置し住民主体のまちづくりを進めています。
　また、平成21年の4月からは、地域自治区・合併特例区を単位とした住民自治の財源として地域コミュニティ税を導入し、地域自治区等と地域コミュニティ税をセットとした地域づくりに取り組んでいます。
　さらに、今年の3月には、新たに清武町が合併しました。

2　地域コミュニティの現状

　地域コミュニティの再生は、日本社会の多くの地方自治体が抱える重要なテーマの1つであります。

本市の地域コミュニティは、自治会、自治公民館、老人クラブなどの各種地縁団体が地域活動の中心的な役割を担っています。

しかし近年、少子高齢化、核家族化が急速に進む中、地域の連帯感が希薄になるとともに、地域が抱える課題は多様化し、地域の個々の団体だけで課題を解決することが難しくなってきています。

また、各種地縁団体の加入者数は減少の一途をたどり、例えば、市全体の自治会加入率(図-1)は、この10年で約10ポイント下がって約63％になるなど、地域の自治機能は低下傾向にあり、これまでのやり方では十分な効果をあげることができない状況となってきています。

そこで、平成20年5月には自治会連合会と市の協働による自治会未加入対策プロジェクトチームを設置し、加入促進のマニュアル、チラシの作成やマンション関係者への呼びかけなど加入促進に向けて様々な取り組みを行っています。

他方、テーマ型市民活動については、平成13年に「市民活動推進条例」の制定、平成15年度に「市民活動基本方針」を策定し協働によるまちづくりに取り組んでいます。平成19年からは、県からNPO法人を認証する事務の移譲を受けさらなる市民活動の推進を図っています。

また、平成10年から本市の姉妹都市のアメリカバージニアビーチ市(屈指のボランティア都市)に市民訪問団を平成21年度までに7回、約150名を派遣しボランティア状況を学んでいるところです。その結果、図書館ボランティア、環

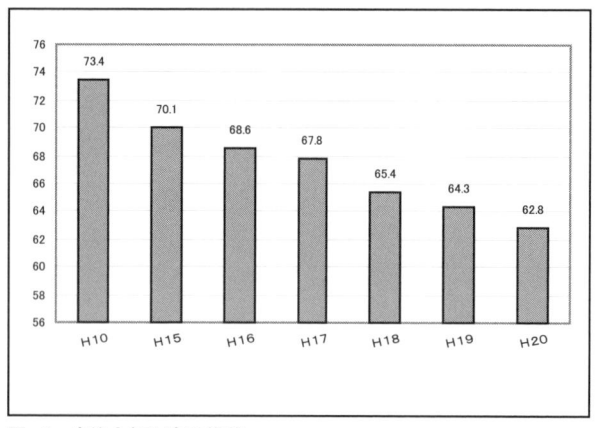

図-1　自治会加入率の推移

境ボランティアなど様々な取り組みが実践され、現在では、全国でも有数のボランティア都市になったものと考えています。

3　地域自治区の創設

3.1　地域自治区の創設の経緯

このような中、本市は、平成12年から継続的に検討していた「地域コミュニティの活性化とまちづくりの支援」の方向性と第27次地方制度調査会の「地域自治組織」に関する答申が合致していたことから、地方自治法の一般制度の地域自治区の設置に関する条例を平成17年9月に制定しました。

平成18年1月の合併と同時に旧宮崎市に15の地域自治区を、旧3町には3つの合併特例区を設置しました。県庁所在地では、全国で初めての試みです。地域自治区・合併特例区ができたことによって、地域の各種団体が緩やかなネットワーク(図-2)を作り、地域の課題が共有化できるようになりました。

最初は戸惑いもありましたが、4年が経ち目に見える形で住民自治が進んで

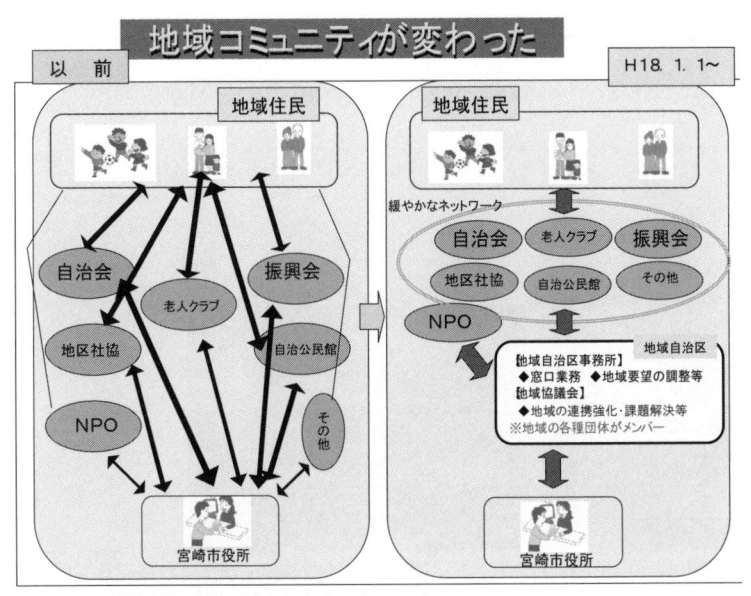

図-2　地域の各種団体の緩やかなネットワーク

いるものと考えています。

3.2 地域自治区の区割り

　地域自治区の区割りは、昭和の合併前の町村や自治会の地区連合会、中学校校区を基本としながら、行政の効率的な運営を考慮し16地区(平成22年6月から17地区)に決定しています。

　地域自治区の規模は、一番人口の少ないところで約4000人、多いところでは約5万人となっています。各地域自治区は、地域協議会と地域自治区事務所で構成(図-4)しています。

　なお、合併した旧4町のうち清武町を除く旧3町の合併特例区は、平成23年1月からは地域自治区に移行することになっています。

3.3 地域協議会の役割

　地域協議会は、地域住民の意見を市政に提案することや地域づくりなどを行う組織です。地域自治区の要であり地域活動のプラットフォームとして位置づけています。協議会を構成する委員は、地域内で活動する自治会、子ども会、老人クラブなど多様な団体からの委員と公募による委員で構成されています。15の地域協議会の委員定数は、約300人でその内約3割が女性委員で構成されています。

　また、NPOの方も参画されており子育てなど専門性を活かした事業の展開も検討されています。

【公民館と事務所の一体】　　　【旧幼稚園を改修】
図-3　地域活動の拠点（事務所）

3.4 地域自治区事務所の役割

地域自治区事務所は、住民票など各種証明書の発行を行う「窓口業務」と、地域課題などの相談、地域の要望調整、地域の各種団体との連絡調整の事務局としての「地域協議会支援業務」など、住民の利便性を図っています。また、災害時における地域防災の拠点としても位置づけています。

当然、地域活動の拠点である事務所は、行政の役割として、これまでに約5億円をかけて整備しました(図-3)。さらに、人的支援として地域コーディネーター(市嘱託員)を平成19年4月から1地域自治区に2人を配置し、地域協議会の運営補助や地域活動のコーディネート業務などを行っています。

3.5 地域まちづくり推進委員会の役割

地域まちづくり推進委員会(図-4)は、地域コミュニティ活動交付金(地域コミュニティ税)の交付を受け地域協議会のもとにまちづくりを実践する組織で

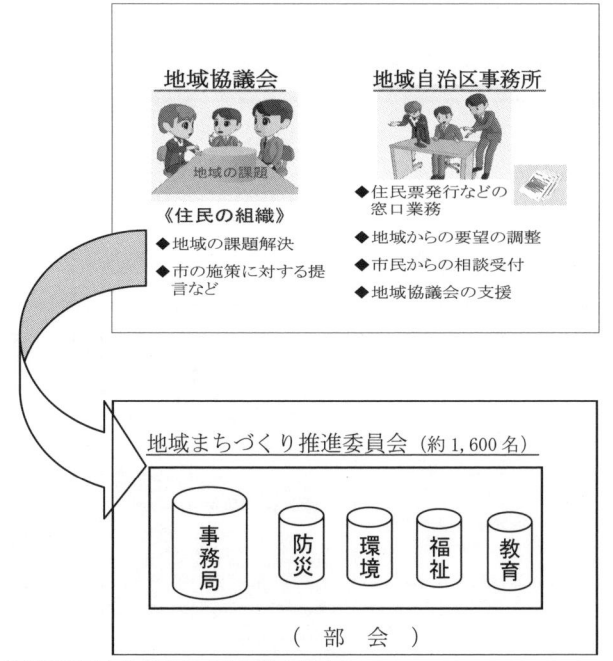

図-4 地域自治区と地域まちづくり推進委員会

す。地域自治区ごとに設置（原則として各地域自治区に1つ）し、地域協議会が承認のうえ地域まちづくり推進委員会が市長に届けます。だれでも、自由に参加することができ、現在約1600人のメンバーが参加・参画されています。さらに、多くの方が参加されることが地域づくりの鍵になると考えています。

また、平成21年度からは、地域まちづくり推進委員会の支援として、事務局長・会計の人件費を大きな額ではありませんが助成しています。さらに、市職員が、地域まちづくり推進委員会の活動に、ボランティアで支援・協力する市職員地域づくりサポーター制度をスタートしました。

4　地域コミュニティ税の創設（課税自主権：地域へ財源を）

4.1　新税の必要性

地域コミュニティにおける連帯の希薄化、自治機能の低下により、なかなか個々の地域団体では多様化する課題の解決が難しくなってきました。

そこで広いエリアで課題解決を目指すため地域自治区を設置しました。しかし、地域自治区等の課題の解決には財源が必要です。そこで、住民自治の観点から、その活動費の一部を広く市民の皆様に求める「地域コミュニティ税」を創設しました。

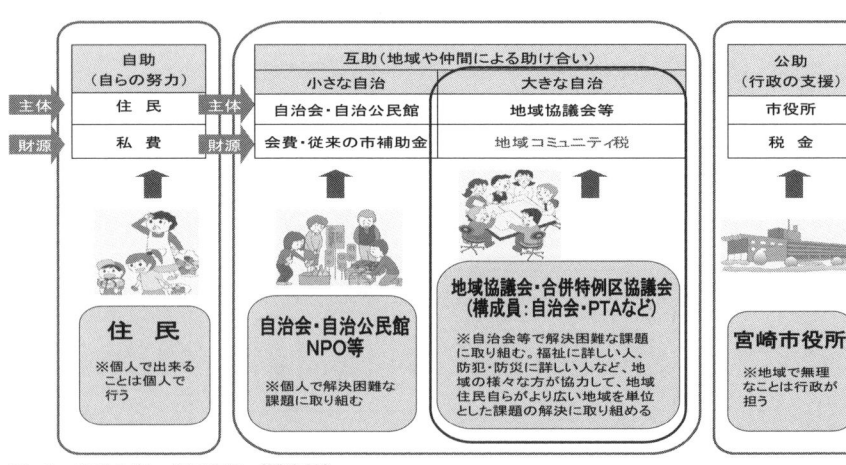

図 –5　地域の姿：住民自治（補完性）

住民自治の活動費は、自らの地域に愛情と責任をもち、住民主体のまちづくりに必要な費用の一部を自らも負担し、自ら考えて地域の課題を解決していくことが住民自治の在るべき姿ではないか、また、そうでなければ本当の地域コミュニティが育つことはできないものと考えています。

　そこで、本格的な地域自治区等の活動費の一部を負担(図-5)するのは、住民自治の理念から妥当であり、地域自治区と新税の仕組みは、最も住民自治の理念に沿った、具体的かつ有効なコミュニティ施策(**資料-1：課税自主権**)と考えています。

資料-1　課税自主権
地方税法第1条(標準税率)抜粋
第1条　この法律において、次の各号に掲げる用語の意義は、当該各号に定めるところによる。
五　標準税率　地方団体が課税する場合に通常よるべき税率でその<u>財政上その他の必要がある</u>と認める場合においては、これによることを要しない税率をいい、総務大臣が地方交付税の額を定める際に基準財政収入額の算定の基礎として用いる税率とする。
※平成16年度の地方税法の改正により地方団体の一定の政策目的を達成するための手段として税率を変更する途が開けた。

　地域コミュニティの再生は、遅れれば遅れるほど難しい「喫緊の課題」であると捉えています。地域コミュニティ税の仕組みは、地域コミュニティの再生及び住民主体のまちづくりに繋がるものと確信しています。

　なお、新税導入後も自治会、自治公民館などへの補助金は引き続き助成してまいります。

4.2　新税の仕組み：地域へ財源を(図-6)

　新税は、1人あたり年額500円を市民税均等割超過課税(法定普通税)として課税します。税収規模は、約8000万円で市民税均等割(個人)が課税されている方が対象となり、一定基準に満たない所得額の方は、非課税となります。

　新税は、全額を地域(地域まちづくり推進委員会)へ交付し、地域の自前の安定した財源として、地域自治区等を単位とした防犯防災、福祉、環境など地域活動に自由に有効に活用していただきますが、懇親を目的とする飲食費は認められないなど一定の制限はあります。

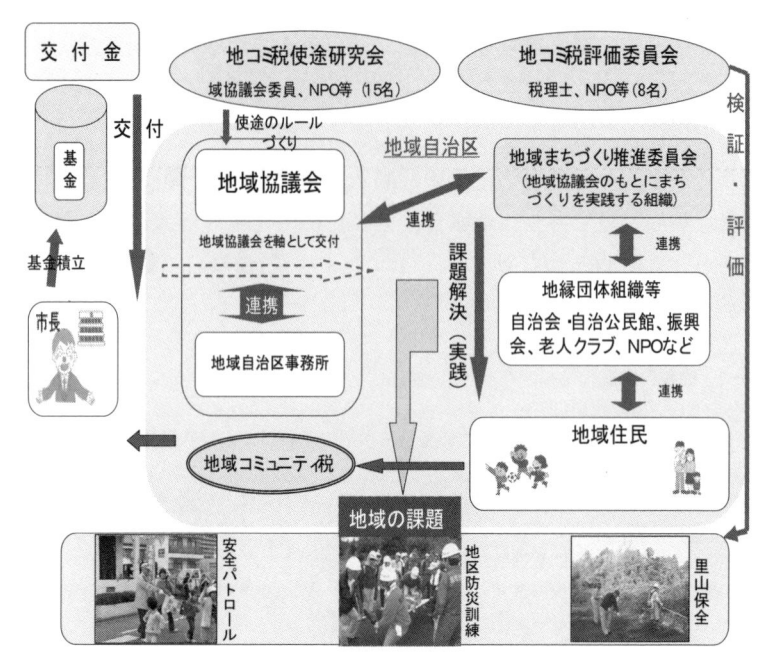

図-6　新税の仕組み（地域へ財源を）

4.3　交付金（新税）の配分額

配分額は、均等割(3割)と人口割(7割)を組み合わせた方法で算定しています。約200万円から約980万円を地域に交付しています。

4.4　新税の検討経緯と周知

新税は、平成16年から、庁内の関係各課において検討を重ねてきましたが、平成19年3月からは、（仮称）地域コミュニティ税検討委員会(市民会議：17人で構成)で幅広く慎重に検討していただき、平成19年10月には「新税の必要性を認める」との報告書が市長に提出されました。

一方、本市では、新税の必要性について、自治会への説明、市広報紙の掲載、新聞の掲載など様々な広報手段を活用し最大限の周知を図りました。そこで、平成20年3月の市議会に地域コミュニティ税に関する条例案を提案しましたが、

「さらに周知を図るべき」として、施行を1年延長し、平成21年4月の施行として議会において可決されました。

本市では、平成21年度の円滑な導入に向けて、平成20年度をウォーミングアップ期間として、自治会をはじめとする地域への説明、納税義務者へのチラシの送付、モデル地区の実施など様々な周知に取り組みました(**表-1**)。その結果、平成21年3月市議会においては平成21年度予算案が賛成多数で可決されました。

5 使途研究会と評価委員会

5.1 使途研究会とは

新税の使途の明確化と評価は、大きなポイントとなります。

使途については、地域が自由に有効に決めることができるとともに、透明性を確保することができるように、協議会会長やNPO等からなる「地域コミュニティ税使途研究会(15人)」で必要最低限の基本的な使途のルールを定め、運用マニュアルとして整理しています。

今後も、「地域コミュニティ税使途研究会」で、地域の意見を聞きながら、随時必要な見直しを行うなど、さらに使途のルールを成長させていきます。

5.2 評価委員会とは

評価については、地域コミュニティ税が、使途のルールに基づき適正に執行されるとともに、住民主体のまちづくりの推進を図るために、学識経験者等で構成する「地域コミュニティ税評価委員会(8人)」において使途についての評価を行います。

評価は、監査機能としての評価とまちづくり推進のための評価を行います。監査機能としての評価については、事業終了後に使途のルールに基づき新税が適正に執行されているかを確認します。また、まちづくり推進のための評価は、

表-1 主な周知の取り組み

・納税義務者へのチラシの送付	・説明会の開催（自治会・約8割の実施）
・市広報紙、新聞の掲載（毎月）	・シンポジウムの開催
・モデル地区事業の実施など	

図-7 新税の評価委員会

より良いまちづくりにつながる効果的な取り組みが行われたかを評価し、住民主体のまちづくりの更なる充実と進化を図ります。

6 今 後

平成21年4月からは、地域自治区等と新税をセットにした本格的な住民自治が始まりました。新・地域コミュニティ元年のスタートです。

今回の新税の提案により地域で地域コミュニティに対しての議論が広まったことは大いに評価できるものと考えています。この議論を大切にし、これからも、本市としましては、地域自治区・協議会等を軸とした住民主体のまちづくりを展開し、地域コミュニティ税を起爆剤として都市内分権・地域内分権を推進して参りたいと考えております。

【参考-1】 平成21年度各地区で取り組まれた事業

地域自治区	事業名	事業数
中央東	エコ講演会事業ほか	10
中央西	ICTを生かしたまちづくりほか	12
小戸	ふれあい会食会事業ほか	10
大宮	地域のおばあちゃん事業（子育て支援）ほか	10
大淀	交通安全と防犯の見守り事業ほか	19
大塚	防災マップ作成事業ほか	8
檍	参観日子ども一時預かり事業ほか	21
大塚台生目台	ふれあいルーム運営事業ほか	23
小松台	食育農業体験事業ほか	9
赤江	河川浄化運動事業ほか	13
木花	まちづくり体育祭事業ほか	11
青島	津波防災訓練事業ほか	8
住吉	ホタルの里整備事業ほか	11
生目	里神楽フェスティバル事業ほか	12
北	イルミネーションガーデン事業ほか	11
佐土原合併特例区	防災訓練事業ほか	54
田野合併特例区	防犯ネットワーク事業ほか	9
高岡合併特例区	独居老人生きがい創設事業ほか	4
合　計		255

【ICTを生かしたまちづくり】

【津波防災訓練】

【参考-2】 地域コミュニティ税条例

○宮崎市地域コミュニティ税条例　平成20年3月28日
(課税の目的)
第1条　市は、地域自治の円滑な運営を推進し、地域自治区及び合併特例区における住民主体のまちづくりに関する費用に充てるため、宮崎市税条例(昭和30年条例第23号。以下「市税条例」という。)に定める個人の市民税の均等割の税率の特例として、地域コミュニティ税を課する。
(定義)
第2条　この条例において「地域コミュニティ税」とは、次条の規定による加算額をいう。
(個人の市民税の均等割の税率の特例)
第3条　個人の市民税の均等割の税率は、市税条例第31条第1項の規定にかかわらず、同項に定める額に500円を加算した額とする。
(基金への積立て)
第4条　市長は、地域コミュニティ税に係る収納に相当する額を、宮崎市地域コミュニティ活動基金(宮崎市地域コミュニティ活動基金条例(平成20年条例第6号)に基づく宮崎市地域コミュニティ活動基金をいう。)に積み立てるものとする。
附　則
(施行期日)
1　この条例は、平成21年4月1日から施行する。
(経過措置)
2　第3条の規定は、平成21年度以後の年度分の個人の市民税の均等割の税率について適用し、平成20年度分までの個人の市民税の均等割の税率については、なお従前の例による。
(検討)
3　市長は、この条例の施行後4年を経過した場合において、この条例の施行の状況、社会経済情勢の変化等を勘案し、この条例の規定について検討を加え、必要があると認めるときは、その結果に基づいて所要の措置を講ずるものとする。

【参考-3】 これまでの宮崎市地域コミュニティ政策の取り組み(経緯)
- ①H10. 4　九州一のボランティア都市づくり事業開始
- ②H12. 4　支所機能の見直し検討開始
- ③H15.11　第27次地方制度調査会報告(地域自治区)
- ④H16.10　新税の庁内検討開始
- ⑤H17. 6　地域自治区設置検討報告書作成
- ⑥H17. 9　地域自治区設置条例市議会で可決
- ⑦H18. 1　新宮崎市のスタート(地域自治区・合併特例区)
- ⑧H18. 4　地域コミュニティ課の創設
- ⑨H19. 3　地域コミュニティ税検討委員会(市民会議)
- ⑩H19.10　同検討委員会の報告書提出
- ⑪H20. 3　地域コミュニティ税条例など市議会で可決　※施行時期21年4月延長

夢をもってみんなで楽しいまちづくり

―― 特集論文　コミュニティ政策の現段階 ――

地域自治と市民活動 [1]
―― 豊田市の都市内分権と共働の具体化 ――

Study on "District Autonomy System" and
"Cooperation with Residents" in Toyota City

谷口 功(愛知学泉大学コミュニティ政策学部・准教授) TANIGUCHI, Isao
三村 聡(愛知学泉大学コミュニティ政策学部・教授) MIMURA, Satoshi
床尾 あかね(東京海上日動リスクコンサルティング・主席研究員) TOKOO, Akane
坂本 竜児(NPO法人・とよたエコ人プロジェクト・理事) SAKAMOTO, Ryuji

キーワード　地域自治、都市内分権、共働

1　はじめに

　豊田市は、世界企業が所在する都市と自然観光資源に恵まれた中山間地を有するユニークな地域である。その地域づくりにかかわる市民・住民活動の展開も、地域住民組織や多くのボランタリーな人々によって支えられている。まちづくりは、その地域資源(人・歴史・文化など)を共同管理する過程でもある。

　豊田市は、かつて養蚕製糸業で栄えた挙母(ころも)町が前身である。1951年の市制を敷いた当初は、「挙母市」という名称であったが、自動車産業が本格的に軌道に乗り始めた1959年1月、市を二分する議論の末、名称が「豊田市」に変更された。1964年に上郷町、1965年に高岡町、1967年に猿投町、1970年に松平町と合併する。また2005年には、周辺6町村(小原村、藤岡町、旭町、足助町、稲武町、下山村)と合併した。面積は、290km^{2}から918km^2(県内第1位)と約3倍になり、その約70％を占める森林を有することで農山村と都市の性格を併せ持つことになった。豊田市は自動車産業の成長と共に拡大し、人口は42万人(県内第2位)を超えるまでとなった。

　また、製造業によって支えられている豊田市の財政構造は、他市町村と比較しても弾力性がある。2008年度の財政力指数は、1.85(愛知県平均1.10、全国平均0.56)であり、経常収支比率は64.8％(愛知県平均86.0％、全国平均

91.8%)である[2]。また、歳入総額は180,210,792千円、歳出総額は164,788,131千円であった。2008年秋の世界同時不況により、2009年度の当初予算においては、市税が前年度比マイナス34.5%、約420億円の減少となったが、最終的には、繰入金等によって全体予算はマイナス3.9%にとどめることができた。

　合併は、自治体の地域資源を豊富にする一方で、抱える地域課題を多様化し複雑化した。製造業が集積する都心部、一方でその労働力を提供してきた中山間地域[3]、それぞれの地域事情の違いに基づく地域課題への対応や地域づくりの方向性等を明確にする必要が生じてきた。豊田市は市民・住民活動を後押しする制度を設計してきた。合併後は旧来の自治の仕組みを継承しつつも新たな地域自治の施策や市民活動の施策を展開している。

　編入による市町村合併は、往々にして母体となる側の論理によってすすめられ、その後の地域づくりにも影響を及ぼす。豊田市と合併した旧町村においても同様である。自治体行財政の合理化という流れの中で、住民による地域活動や計画がどのように制度的に担保されていくかは、地域自治の程度をはかるバロメータにもなりうる。

　本稿では、今日の豊田市における地域自治と市民活動の可能性について検討する。具体的には、挙母地区逢妻地域の地域会議の実践と、豊田市の環境学習

図-1　豊田市の地区

施設「eco-T(エコット)」の管理運営の事例を通して、豊田市の地域づくりのキーワードである「都市内分権」と「共働」の意図するところを示してみたい。

2　市民・住民活動の制度化

　豊田市は合併を契機に、都市内分権をキーワードとして地域の特性をいかしたまちづくりをすすめている。いわゆるまちづくり3条例によって、市民・住民の参画と共働が制度化されていった[4]。
　2005年10月、市民による自治の確立を図り、自立した地域社会を実現することを目的として、自治の基本理念を定めた「豊田市まちづくり基本条例」が施行された。同時に、自立・持続型の自治体を目指すために、都市内分権の推進を視野に入れ、改正地方自治法(2004年5月公布)に基づき、「豊田市地域自治区条例」を制定し、地域自治区制度を導入した。
　また、2006年12月、市民活動の促進を図り、共働によるまちづくりの推進に資することを目的として、市民活動の促進に関する基本理念及び市の施策の基本となる事項を定めた「豊田市市民活動促進条例」を制定した。
　ここでいう「都市内分権」と「共働」という概念を補足するならば、「都市内分権」とは、地域住民の意思を市政に反映するとともに、市民による自治を拡充し、様々な地域課題に対して、地域住民自ら考え実行する仕組みである。また、「共働」とは、市民と行政が共に働き、共に行動することでよりよいまちを目指し、市民と行政が協力・連携すること(通常これを協働という)である。そして、共通する目的に対して、市民が専属的に行う分野を、それぞれの判断で、それぞれ活動することも含まれる。
　また、これらの制度は、区域(地域自治区)における住民の活動と、区域横断的な市民活動の促進というように捉えることができる。このことを図示すると、図-2のようになる。
　これらの条例をもとに、豊田市内は12の地域自治区に区分けされ、26の中学校区ごとに地域住民によって構成される地域会議(地方自治法における「地域協議会」)が設けられることとなった[5]。
　地域会議は、地域課題の検討や、市からの諮問事項について審議をおこなう。

```
まちづくり基本条例
┌─────────────────────┐
│【共働の基本理念】         │
│子どもから高齢者までの誰もがまちづくりの担い手と│
│なって、共働によるまちづくりを推進し、自立した地│
│域社会を目指します。      │
└─────────────────────┘
```

地域自治区条例
【都市内分権の推進】
市長の権限をより住民に近いところに移し、地域のことは地域で決められる地域社会を目指します。

市民活動促進条例
【市民活動の促進】
市民の自発的な活動を尊重するとともに、多様な市民活動が活発に行われる豊かな地域社会を目指します。

施策：
- 地域自治システム
  ・わくわく事業
  ・地域予算提案事業
- 市民活動促進計画
  ・共働事業提案制度

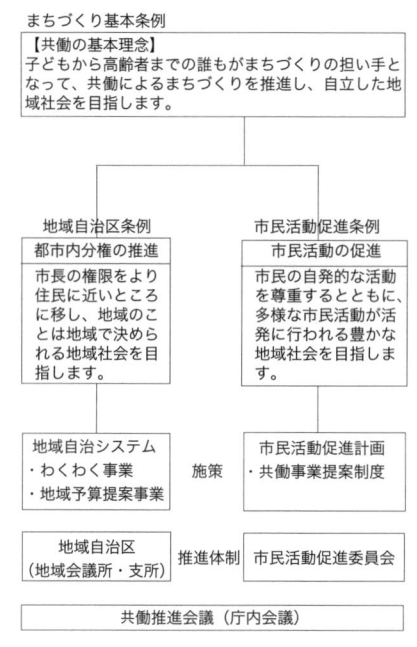

推進体制：
- 地域自治区（地域会議所・支所）
- 市民活動促進委員会

共働推進会議（庁内会議）

図-2　共働によるまちづくり推進施策

例えば、総合計画や観光交流基本計画など地域にかかわる基本構想の策定において、市からの諮問に対し、自治区（町内会・自治会）等地域団体との意見交換も踏まえた地域会議からの答申がなされたりする。また、地域会議が審議した地域課題の解決策を市の施策（予算）に反映させる仕組みがある。それが、「地域予算提案事業」（上限20,000千万円／地域会議）である。

地域予算提案事業は、住民の声を的確に市の事業に反映させ、効果的に地域課題を解決するための制度である。地域課題の解決や地域を活性化するための事業で、実施にあたっては中学校区（地域会議）エリアでの合意形成、すなわち地域における十分な共通認識を必要とする。そして、地域と行政との役割分担に基づく共働の取組みを基本としている。

また地域会議は、地域内の団体によって申請された「わくわく事業」の内容を審査し、サポートする。「わくわく事業」は、地域資源を活用し、地域課題の解決や地域の活性化に取組む団体の事業に対し、補助金（上限 5,000千円/地域会

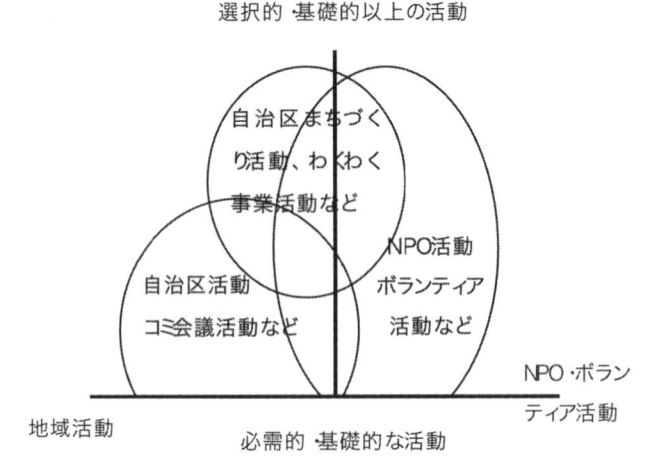

図-3 豊田市の市民活動概念図(『豊田市 市民活動促進計画』より)

議)を交付する制度である。地域会議が公開審査のもとで内容を審査し、その結果を踏まえ支所長が補助内容を決定する。

　一方、区域を超えて活動する市民活動団体と行政との共働事業を推進する制度も用意されている。共働事業提案制度は、行政が市民活動団体と協力・連携して取り組みたいと考えるテーマに対する団体からの事業提案を、評価及び協議・調整を経て事業化する仕組みである。予算化された事業は、翌年度に、提案団体と担当課による共働事業として実施することになる。

　以上のように、豊田市では行政と市民・住民との共働の仕組みが整備されている。そして、豊田市は市民活動の概念を図-3のように示す。このように整理された活動がどのように具体化されていくかが、地域づくりの実際となる。以下では、地域会議の実践例と、市民活動団体による施設の運営管理の事例を紹介し、都市内分権と共働の内容を検討する。

3 地域会議の実践——事例：逢妻地区の地域提案型事業——

3.1 「安全・安心・ゆとりの通学路事業」の背景と目的

　逢妻地域会議は旧豊田市地域に位置する「挙母地域自治区」にある。逢妻地区

の地域住民自らが議論を重ねるなかで、地域の解決すべき重要課題を交通安全活動であると決議し、新たに導入された「地域予算提案事業」制度を活用して、官民協働事業に学校や企業を加えた地域一体事業として取組んでいった。

逢妻地域の人口は28,689人、世帯数は11,920世帯である（2009年9月1日現在）。また、逢妻地域には2つの小学校がある。2009年度の地域予算提案事業の内容は「安全・安心・ゆとりの通学路事業」として、地域内の小清水小学校と美山小学校に通う小学生をメインターゲットとした事業である。

ここで、地域会議の取組課題が「交通問題」となった経緯は、第一に交通事故の発生率が高いということがあげられる。愛知県は交通事故死者数ワースト1が当たり前のようになってきている。愛知県の自治体として人口が上位に入る豊田市のなかで、とりわけ小清水小学校区は交通事故死傷者数が高水準で推移してきた。

また、第二に地域会議の委員によれば、通学路として使われるような住宅街の狭い道が、通勤車の抜け道として使われているという実態がある。逢妻地域には、交通量の多い国道・県道に加え、トヨタ自動車の工場をはじめとする、自動車産業の関連工場、さらに東名高速道路豊田インターチェンジがある。朝夕の通勤車両が多くなる時間帯は小・中学生も登下校の時間であり、抜け道を走る自動車の脇を子どもたちが歩くという危険な状況になっている。

また、このような状況から、美山小学校と小清水小学校では「安全のみどり線」[6]を通学路に引く事業が教育委員会を中心に進められていた。しかし、道路に引かれているみどりの線がどのような意味を持つのかをドライバーが分かっていなければ意味がない。今回の事業は、この点を改善して安全のみどり線を広く知ってもらうという目的をもっている。

まず、逢妻地域会議では、2007年度に自治区や小・中学校との意見交換、2008年度に逢妻地域住民を対象としたアンケート、中学生や老人クラブ、PTA等の関係機関を対象としたヒアリングを実施している。つまり、「地域予算提案事業」実施に先立ち、地域課題の解決に向けた合意形成のために、地域住民に対して基礎調査として、アンケート調査や聞き取り調査を行い、いくつかの地域課題が指摘されるなかで、その意見を集約して、地域会議が取り組むべき課題を決定している[7]。その結果、子どもの通学路の安全を確保するため、地域

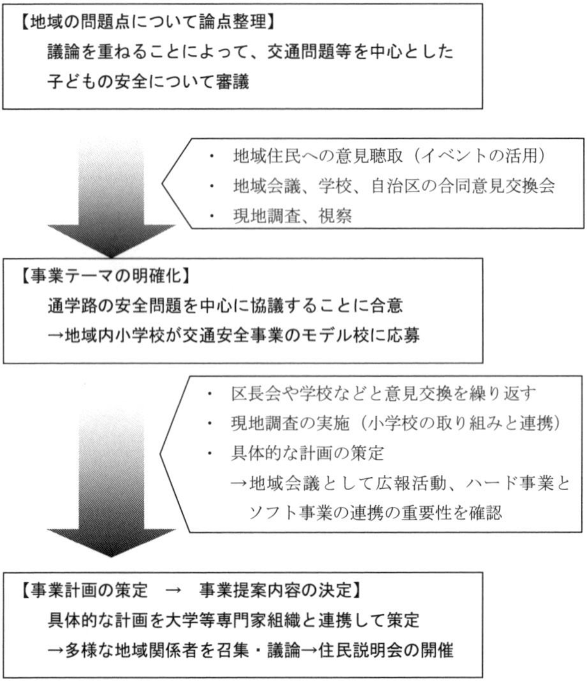

```
┌─────────────────────────────────────┐
│【地域の問題点について論点整理】            │
│  議論を重ねることによって、交通問題等を中心とした │
│  子どもの安全について審議                │
└─────────────────────────────────────┘
            ↓    ・地域住民への意見聴取（イベントの活用）
                 ・地域会議、学校、自治区の合同意見交換会
                 ・現地調査、視察
┌─────────────────────────────────────┐
│【事業テーマの明確化】                    │
│  通学路の安全問題を中心に協議することに合意    │
│  →地域内小学校が交通安全事業のモデル校に応募  │
└─────────────────────────────────────┘
            ↓    ・区長会や学校などと意見交換を繰り返す
                 ・現地調査の実施（小学校の取り組みと連携）
                 ・具体的な計画の策定
                   →地域会議として広報活動、ハード事業と
                    ソフト事業の連携の重要性を確認
┌─────────────────────────────────────┐
│【事業計画の策定 → 事業提案内容の決定】      │
│  具体的な計画を大学等専門家組織と連携して策定  │
│  →多様な地域関係者を召集・議論→住民説明会の開催│
└─────────────────────────────────────┘
```

図-4　逢妻地域会議における合意形成と事業決定までの流れ

全体で協力して取り組むことが必要であるとの共通認識をもつに至った。

その後は、自治区、教育機関、企業、交通安全推進協会をはじめ、地元大学である愛知学泉大学と連携しながら、"安全・安心・ゆとりの通学路事業"として「事業計画書」を策定した。そして、その事業計画書(案)に従い、決定手続きとして地域での説明会や意見交換会の実施、そして地域への"たより"での周知を行い、集約・協議・調整の上、市議会で予算化され、2009年度、本格的な活動が展開された。地域での合意形成と事業決定までの流れは、図-4のようになる。

3.2　事業の4つの実施ステップ

逢妻地域における「安心・安全・ゆとりの通学路事業」は、STEP01「逢妻地域の現状を知る」、STEP02「逢妻地域の問題点を整理する」、STEP03「逢妻地域の意識を高め、共に学ぶ」、STEP04「逢妻地域の活動を振り返り、今後に活かす」

とした4つのステップから構成されている。

その詳細だが、まずステップ1では逢妻地域の"現状を知る"ことを目的として、①通過車両の台数、平均速度の把握、②通勤・通学時間帯の移動に関する基礎調査、③ドライブレコーダ調査(逢妻地域版・交通安全DVD開発)の3つの調査を実施した。

次にステップ2では、調査の結果をもとに問題点を明らかにすることを目的として、④ヒヤリハットマップの作成、⑤逢妻地域版・交通安全講習会用教材の作成を行った。

ステップ3では、調査結果をもとに作成したヒヤリハットマップ、講習会用教材を活用し、地域の意識を高め、共に学ぶことを目的として、⑥交通安全講習会の実施、⑦手づくりプラカード等による危険箇所への立哨、⑧地域安全啓発イベント「―愛 ♥ 逢妻2009―Smile＆Safety Festa」を実施した。

そして最後のステップ4では、これまでの成果をまとめ、広くPRすることを目的として、⑨逢妻地域における具体的な改善方策の提言、⑩活動手順を紹介したマニュアルの作成を行った。

このように逢妻地域会議における「安全・安心・ゆとりの通学路事業」は、10本の柱から成り立っている。また、この事業は豊田市の協力のもと、自治区、学校、企業、関係団体の協働によって進められた。

3.3 活動内容と行政・学校・企業との協働(共働)

従来から、全国各地で地域の交通安全や移動権の確保に向けて、市民は地域や学校単位でPTAや地域団体が登下校時に立哨を行うなど、長きにわたり市民参加による活動が続けられている。このように、地域コミュニティを維持・発展させるためには、地域が抱える交通問題や都市問題について地域自らの手で何ができるかを、まず自らが考える姿勢が重要となる。「借り物」や行政主導に任せた地域活性化は、地域の「腑に落ちない」施策になるケースが多い。

一方で、個人の力量や地域だけでは実現できない課題がある。それが、専門調査やプランニング、予算の問題、さらには周辺の交通インフラと環境の整備である。これらは法的な手続き・確認も含め事業主体として行政の果たすべき機能・責務である。また、そこには地域分権型行政の流れに沿って地方自治体

(県と市町村)や大学が、それぞれの役割を果たす必要がある。換言すると、市民は行政施策の立案に係る類の案件では、身のまわりの要望や苦情については意見を述べられても、交通安全施策や都市・交通計画といったテーマとなると専門知識が乏しいため、計画策定の立場では発言ができない点が指摘されている。加えて、自治体側に市民の意見を反映した交通まちづくりを検討するための評価・判断基準が整備できていない点も課題である。したがって、これまでは，プランを策定するという機能を安易に市民に求める事には無理があった。

　豊田市逢妻地域会議にみられるような、住民を主役として、産・官・学が連携して個別の移動ニーズをしっかりと拾い上げ、移動するもの全てに平等な権利を保障するという根本発想を前提として議論を行い、これを基本に交通まちづくりを実施しようとする潮流は重要である(図-5)。逢妻地域の事例では，こうした議論に地域住民が自由に参加できるよう、豊田市がアンケートの実施や基礎的なデータ・資料を用意し、それぞれ意見や立場の異なる市民同士がそれぞれのニーズや問題意識について相互に理解できる機会を提供している点、さらに住民自らが具体的に議論を進めて、通学路の交通環境実査に基づき様々な活動指針を策定しようとしている点は注目に値する。また、この事業は豊田市

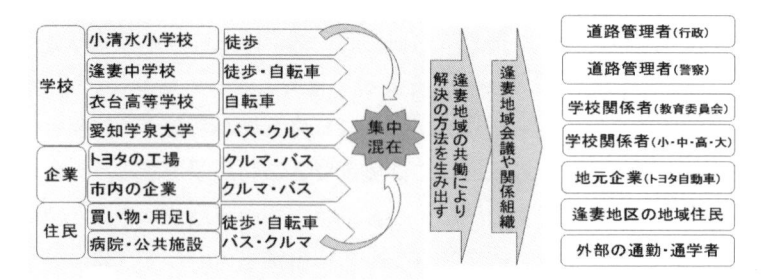

図-5　実現されるべき「共働（協働）」の仕組み

の協力のもと、自治区、学校、企業、関係団体の協働によって進められてきた点も重要である。

4 市民参画の実践──事例：豊田市環境学習施設「eco-T(エコット)」での取組み──

4.1 「eco-T(エコット)」の概要

豊田市は、環境に配慮した循環型の仕組みづくり、温室効果ガス削減に向けた積極的な取り組みをおこない、国、自治体、市民一人ひとりの責任ある行動がとれる環境先進都市をつくりたいと考えている。そして、市民・企業・行政の共働によって持続可能な環境型の都市づくりをめざしている。

「第7次豊田市総合計画(2008年3月)」で、「人が輝き 環境にやさしく 躍進するまち・とよた」を将来都市像に掲げ、人と環境を重視した施策方向に大きく舵を切った。その目指すべき姿のひとつとして「水と緑につつまれたものづくり・環境先進都市」を掲げる。また、「豊田市環境基本計画(2008年12月)」では、計画のめざす社会像である「低炭素社会」、「自然共生社会」、「循環型社会」の実現に向けて、「地球温暖化防止のための土台づくり」、「地域の特性に応じた生物多様性の保全」、「廃棄物の発生抑制、資源の循環利用の推進」の3つを重点プロジェクトに掲げている。

図-6 エコットの外観

「eco-T（エコット）」は、市民に「身近なエコに気づき発見してもらう」きっかけとなる場として、位置づけられている。「気づきから行動へ」を合言葉にエコライフを発信していく施設である。2007年6月1日に豊田市にある渡刈クリーンセンター内に、豊田市環境学習施設としてオープンした。

　「eco-T」という名前の由来だが、「eco（環境）」と、「TOYOTA（豊田）TEXT BOOK（教科書）TERRACE（テラス）TOWN（町）TOGARI（渡刈）」といった様々な「T」を組み合わせって名付けられた。また、多くの市民も発音しやすく学童にも親しみやすいという理由で決定された。

　市民に利用してもらえる施設となるため、計画当初から、「市民参画」がテーマであった。「計画」「決定」「実施」「評価」の各過程にどのように市民が参加するか模索することになる。事業の視点からは、2003年度に環境学習施設基本計画策定、2004年度に運営利用計画及び展示設計委託、2005・2006年度に展示物製作、建物建設工事（11月末完成予定）、展示製作とすすめられた。一方、市民の視点からは、2003年度に基本計画策定ワークショップ、2004年度に作戦会議、類似学習施設の視察、2005年度にパートナー会議、展示学習プログラムの製作及び運営を検討、2006年度に展示製作ワークショップの開催、愛称募集（公開審査会）、展示解説ボランティア育成講座がおこなわれた。この流れは**図-7**のようになる。

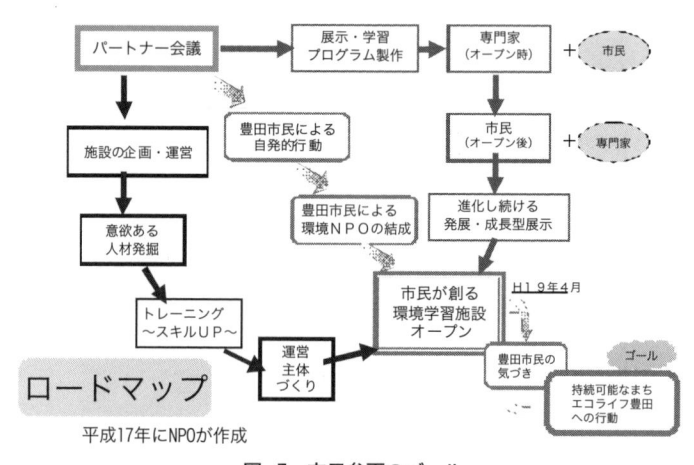

図-7　市民参画のゴール

この準備段階から大きな役割を果たしたのが、名古屋市に拠点を置くNPO法人「中部リサイクル運動市民の会」である。当初、地元の住民だけでは、十分に支えることができない事業であったため、環境活動において実績のあった「中部リサイクル運動市民の会」が市民参画の実態を担うこととなった。

「中部リサイクル運動市民の会」は、1980年10月、使い捨て社会や環境破壊への危機感を有し、「できるところからはじめよう」という思いを持った有志が集まってつくられた。地域に暮らす一人ひとりが主体的に関わり「地域循環型市民社会」を目指して活動している。現在（2009年7月1日）、役員14名、スタッフ19名、会員121名、登録ボランティア約90名で活動している。

地球規模で進む環境破壊を食い止めるため、次のような理念に共感した市民が中心となって活動をおこなっている。①持続可能な社会でのライフスタイルのあるべき姿を、身近な生活の入り口（ごみ・衣・食など）から追求する。②単に呼びかけや提案に終わるのではなく、運動の日常化に向けて、具体的に市民が参加できるシステムと場づくりを基本にする。③消費者（使い捨て社会）から生活者（ものを使いこなす社会）、さらには生活創造者となって、自らが主体的に選択する社会を目指す。④活動継続のため、また、行動や考え方が自由であるために、財政的に自立した市民運動団体を目指す。⑤市民・企業・行政・マスメディア・市民団体のパートナーシップによる関係をつくる。

この「中部リサイクル運動市民の会」が、具体的な市民参画のスキームを構築していくこととなる。「eco-T（エコット）」開設後、施設の管理運営事業を委託されることになる。

4.2　管理運営体制

「eco-T（エコット）」のミッションとして、「42万人のエコライフとよたを目指す！　ごみを通して循環型社会を学ぶ。省エネ、新エネなど地球温暖化を学ぶ。」を掲げた。そして「中部リサイクル運動市民の会」のミッションとして、「市民がエコライフを広げる担い手になる！　来館者の案内や講座を通してエコライフを広げることを市民が担う。エコライフに向けて自ら考え行動する市民が増える。eco-Tのリーダーを市民が担う。eco-Tで食う市民が出てくる！」を掲げた。

このミッションをもとに、施設を管理運営していくこととなる。「eco-T（エ

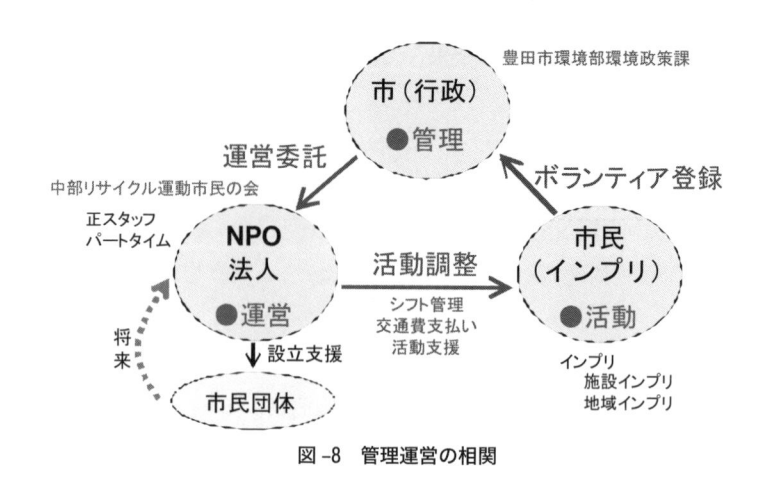

```
                    豊田市環境部環境政策課
              市（行政）
               ●管理
    運営委託              ボランティア登録
 中部リサイクル運動市民の会
  正スタッフ    NPO    活動調整    市民
  パートタイム   法人           （インプリ）
          ●運営   シフト管理    ●活動
       ↓設立支援  交通費支払い
  将            活動支援     インプリ
  来                     施設インプリ
      市民団体              地域インプリ
```

図-8　管理運営の相関

コット）」の管理運営は、施設を行政がつくり、運営は市民がおこなうという「官設民営」という形態をとっている。行政・NPO・市民との関係は、図-8のようになる。

　「eco-T（エコット）」にかかわる市民の位置づけだが、NPOが事務局を担うことになる。正スタッフ（環境教育や施設管理の専門家はいない）が、企画運営を担う月給職員で、パートが正スタッフの作業補助を行う時給職員である。

　特徴的なのは、「インタープリター」というボランティアを置いたことである。インタープリターとは、環境学習やエコライフの推進に関心のある市民が、来館者の学びをサポートする「エコライフへの案内人」となるために、毎年11月～1月ごろに開催する「展示解説ボランティア育成講座」を受講・修了し、さまざまな研修や自己学習を経て、インタープリターとして登録された人のことをいう。施設インプリ47名（2009年7月）は、「渡刈クリーンセンターの見学」や「展示学習プログラム」の案内を通じて来館者に環境問題への気づきを促すことをおこなっている。平日の日中に動ける企業OBや主婦が中心である。2009年度からはじめた地域インプリ17名（2009年7月）は、環境問題にかかわる知識を示し、「eco-T（エコット）」の講座・イベント・展示更新・学校や地域での出前講座・外部イベントへの出展に関わっている。

　また、クラフト講座やイベントを手伝うボランティアとして、学生や幅広い世代の市民が参加をする。

行政との関係だが、環境学習施設の管理責任は、豊田市環境部環境政策課となる。市民参加という領域は、社会部共働推進課の担当となる。そして、公共施設見学については教育委員会学校教育課が担当となる。また隣接する工場は環境部清掃施設課が、清掃事業所は環境部清掃業務課と清掃管理課が担当となる。

いろいろな部署と連携しない限り「いい」運営・活動はできない。必要と思われる活動をすることによって、「縦割り行政」に横串を刺して繋ぐ役割を、事務局は担っている。

4.3　2年間の実績

2007年の開設以降、「eco-T（エコット）」では、「人材育成」と「しくみづくり」を柱に事業を展開していった。

具体的には、①年間事業計画の策定、行程・予算管理、運営会議などの「運営計画の策定」、②渡刈クリーンセンターの案内、展示解説、施設利用管理などの「施設運営」、③エコライフを推進するための講座、展示更新、出前講座、人材育成などの「環境学習」、④環境ムーブメントをつくる活動、他団体（施設）との連携などの「ネットワーキング」、⑤eco-Tの運営を担う市民団体育成、共働促進会議などの「共働促進」、⑥ホームページの更新、eco-T通信の発行などの「情報発信」、⑦報告書の作成、職員研修、次年度計画など「その他」である。

施設見学をはじめ、「ごみダイエット作戦」、「分別ゲーム」、「エコショップ」など様々な学習プログラムが用意され、インプリがそのインストラクターをおこなう。母親と子供が自らのアイディアによって楽しむ「キッズスペース」は、プログラムの目玉となりつつある。

また、「まちにしみ出す」活動も幅広くおこなっている。交流館祭に出展、地域の出前講座、商店街連盟との連携（商店街モニターやエコ商店街探検隊など）、「自然観察の森」や「トヨタの森」との連携（相互の見学、人材育成など）をおこなっている。

具体的な2年間の実績は、**表-1**と**表-2**のようになる。

このようなエコライフを広げる活動を通し、「eco-T（エコット）」の運営を担う、豊田市民による団体の設立が当初からの目標であり、組織作りが同時並行

表 –1　来館者・見学者対応数

年度		平成19年度	平成20年度	前年比(%)
来館者合計		16,285	21,087	129
内訳	個人	5,773	8,468	147
	団体	10,512	12,619	120
	大人	9,534	12,247	128
	中学生	213	334	157
	小学生	5,498	6,163	112
	乳幼児	1,040	2,343	225
見学団体		255	244	96
利用回数		93	293	320
見学・利用合計		348	542	156
新規登録		49	137	280

表 –2　主要事業の実績と内訳

項目＼年度		平成19年度	平成20年度	前年比(%)
エコライフ講座(体験型環境学習)		81回	66回	-15回
		969人	1,298人	329人(134%)
		11.96人／回	19.67人／回	—
出前講座	学校	1校	5校	＋4校
		200人	539人	270%
	交流館など	3シリーズ(5回)	12シリーズ(22回)	＋17回
		84人	1,010人	1,202%
人材育成	インプリ	第2期目 13名登録	第3期目 9名登録	-4名
	地域インプリ	—	19名登録(3名重複)	新規人材

的におこなわれていった。

　2008年4月から9月にかけて、設立準備会議が5回開催され、共通認識づくり、エコライフとよたのイメージづくり、事業提案などがおこなわれた(のべ参加者81人)。10月には、インタープリター向けの説明会がおこなわれ、11月に基本構想発表、12月に設立総会がおこなわれた。ノウハウを学んだ地元住民による「とよたエコ人プロジェクト」の誕生である。2009年3月には、NPO法人の認証を受け、8月に第1回総会を設けた。

そして、2010年4月からは、この「とよたエコ人プロジェクト」が「eco-T（エコット）」の運営を担うこととなった。

5 「共働」から「地域自治」へ

以上、ふたつの事例をみてきたが、「共働」からいかに「地域自治」を実質的なものにしていくかが、コミュニティ政策にとっても重要である。そのためにも、責任の所在を明確にすることが、主体の明確化となり、「参加・参画」とは異なる行政との関係性を理解することにつながる[8]。

豊田市は、共働の分野を図-9のように整理する。

（A）は、行政が責任を持って行う活動の領域で、政策等の策定、実施、評価に際して、市民の声を聞くことや、市民の意見を反映させるなどの市民参画をはかる分野である。（B）は、行政施策に市民活動の専門性や機動性を活用するため、委託等により直接的に市民が行政施策を実施する分野である。（C）は、共催や実行委員会などによる自発的な市民活動との連携を図り、市民と行政が双方に主体性を持ち、責任も分担する分野である。（D）は、市民が責任を持つ主体的な公益活動に対し、行政が側面的に支援する分野である。（E）は、行政の関与を受けない市民の主体的な公益活動の分野である。

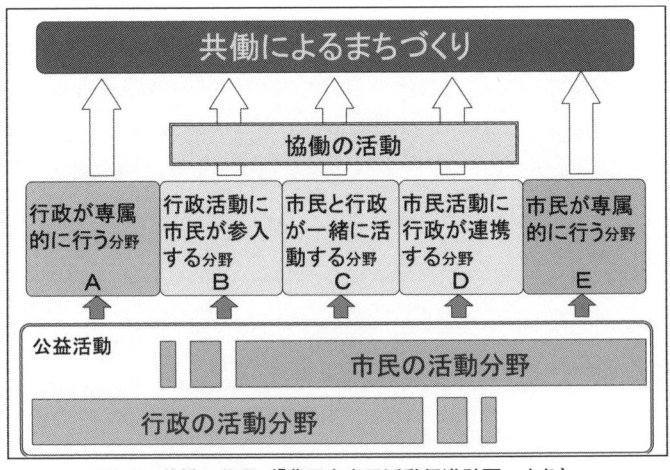

図-9 共働の分野（『豊田市市民活動促進計画』より）

具体的な「共働」のかたちとしては、実行委員会形式、運営員会形式、審議会形式、補助金形式、指定管理形式、共催形式、委託形式などがある。

逢妻地域会議における予算提案事業にしても、「eco-T(エコット)」の管理運営にしても、「共働によるまちづくり」の先進的な事例のひとつとして位置づけられている。交通や環境といった地域の抱える課題について議論し、課題解決のために共働する仕組みを示したと言えよう。今回は、取り上げなかったが、「わくわく事業」や「共働事業提案制度」も同様に、地域の課題解決のための仕組みである[9]。ここでは、地域資源の管理方法や利用秩序を創造するための討議がおこなわれているのである。これは、地域社会が社会として維持・再生産される過程でもある。

これらの制度が、都市内分権の文脈でどのように成熟化していくかは、地域社会の課題となる。複数の制度が用意されているところに、多様なエージェントの共働の可能性を高め、そして、地域自治を具体化していくためのあり方が示されているといえよう。

地域からの提案を受け、審査によって必要なところに助成する選択的配分は、住民や住民組織の主体的力量を要求することとなる。活動の目標をたて、実現のための計画をつくり、そして実行していく力が問われることになる。ここに地域自治の向上や活動の活性化が期待される。

また、当初その地域の市民だけでは十分に支えきれない大きな事業を、外部の団体が入ってその「思い(魂)」も込めて運営にあたる。そして、地域内部に団体をつくって育てていく。これは、「自分たちの地域の課題は自分たちで解決する」という、市民(民間)の力量を高めていくことが求められる分権時代の潮流にもかなう。さらに、学区や自治区の区域を越えたNPOのネットワーキングは、行政や企業も含めた地域社会の多様なエージェントを繋ぎあわせ、広域的・重層的な地域自治の可能性を切り開いていくだろう。

6 おわりに

最後に、今日の市民・住民活動がもたらす理念的な課題について若干言及して、本稿のまとめとする。

ひとつは、行政と市民の共働(協働)という新しい関係性による統治の質的転換である。すなわちそこには、民主制の問い直しという市民社会の存立にかかわる課題が内包されている。市民と行政(自治体・国家)の役割を再確認する必要がある。市民にとって、生活の再生産の保障は当然必要である。生活や活動の場の維持・再生産は、市民自身の問題でもあるが、一方で行政の役割でもある。また、合理化・効率化によって拡大した組織が、多様な意見をどのように集約していくかという課題も有している。この課題への対応が、地域分権化時代の行政に求められる役割でもある。

　2010年4月、豊田市社会部の地域会議を担当していた自治振興課と共働事業を担当していた共働推進課が統合して地域支援課という部署が誕生した。「支援」という言葉は、責任の比重を曖昧にしかねない。豊田市において「地域支援」の内実がどのようなものとなっていくか、丁寧にみていきたい。

　もうひとつは、地域社会における「公共性」の捉え方である。豊田市の市民・住民活動には、近代産業都市における公共空間の再編の過程を見出すことができる。経験的にだが、2つの立場を指摘できる。「自動車産業(トヨタ)のヒエラルキーが、市民(地域)活動にも持ち込まれている」という市民活動の階層性を指摘する立場と、「市民(地域)活動の場面では、自動車産業(トヨタ)のヒエラルキーが持ち込まれない」という市民活動の対等性を指摘する立場である。両方の側面が見え隠れしながら市民・住民活動が成り立っているのだが、どちらにしても彼らは、たがいの属性(所属会社・部署など)を認識したうえで関係性を構築している。豊田市のまちづくりの特質は、一私企業の存在が、地域の公共性に可視的にも不可視的にも影響を与えているところにあると考える。

　豊田市は、環境モデル都市に指定され、持続可能な「ハイブリッド・シティとよた」をテーマに掲げている。一方で市民・住民活動もこの文脈にはめ込まれていくことになる。これらの動向も注視しながら、今後も、多様に展開している豊田市におけるまちづくりの実践を個別具体的に捉えていきたい。

【注】
1　本稿は、2009年7月5日に高松市で開催されたコミュニティ政策学会第8回大会の第3分科会(1)における、三村・床尾の「豊田市逢妻地域における協働によるまちづくり」と谷口・坂本の「豊田市の市民活動と〈共働〉の射程―環境学習施設〈eco-T(エコット)〉

を事例に—」の報告をもとにまとめたものである。
2 愛知県ＨＰ「愛知県内市町村の財政比較分析表」(http://www.pref.aichi.jp/shichoson/zaisei/bunsekihyo.html)による。
3 合併後の中山間地域の抱える課題については、山崎・三村・谷口・庄村(2009)を参照。
4 豊田市の制度的な取組みについては、水野孝之氏(当時：社会部専門監)が、コミュニティ政策学会第7回大会(2008年7月6日)の第1分科会「都市内分権・地域自治組織の現段階」にて報告。
5 藤岡地域、小原地域、足助地域、下山地域、旭地域、稲武地域の旧町村と旧市内の松平地域においては、地域会議は1つであり、その他の旧市内の挙母地域、高橋地域、上郷地域、高岡地域、猿投地域においては複数の地域会議が設けられている。
6 豊田市では「通学路」に決められている道路の中で歩道の整備が十分でない、せまくて危ない場所を選んで、子供たちが歩く部分を、めで見てすぐにわかるようにすることを目的としてひいた"緑いろの線"(幅15～30cm)のことをさす。なお、専門家からはドラーバーにとっては単純なカラーリングに過ぎないのではないかとの指摘もある。
7 逢妻地域のニーズや課題の明確化：逢妻地域会議では、平成18年度には既に「交通安全」や「子どもの安全」を議題として取り上げている。その翌年以降2カ年にわたって協議や調査を地道に積み重ねることによって、地域のニーズや課題を明確化し、共通の認識としたことが、事業計画の策定に結びついている。
8 小木曽(2008)は、行政の効率化の論理と分権化の論理をつなぐ自治体運営のキー概念として「協働」を位置づける。また、松下(2009)は、協働の本質を整理し、協働の実をあげるための仕組みを提案する。
9 丹辺(2009)は、わくわく事業の質的調査をもとに、「市全体を取り巻く社会経済状況についても住民、企業、市行政のありかたにしてもこの間に大きな変化が生じており、自治のありかたをみる際にも、先行研究の視野と前提にはかった社会・経済的変化や変数をふまえて検討しなくてはならない」、と指摘する。

【参考文献】
株式会社エックス都市研究所、2006、『環境学習施設の運営に係る市民参画促進支援業務・報告書』(平成17年度)
松下啓一、2009、『市民協働の考え方・つくり方』、萌書房
丹辺宣彦、2009、「産業グローバル化先進地域の都市形成と地縁的市民活動、―愛知県豊田市にみる動向：『わくわく事業』を中心に―」、『名古屋大学　社会学論集』
小木曽洋司、2008、「〈協働〉の可能性」、松田昇・小木曽洋司・西山哲郎・成元哲編著『市民学の挑戦』、梓出版社
豊田市、2008、『豊田市環境学習施設(eco-T「エコット」)学習事業・年次報告書』(平成19年度)
豊田市、2009、『豊田市環境学習施設(eco-T「エコット」)学習事業・年次報告書』(平成20年度)
豊田市社会部共働推進課、2009、『豊田市市民活動促進計画』

豊田市総合企画部企画課、2008、『第7次豊田市総合計画―新とよたプラン21―』
山崎丈夫・三村聡・谷口功・庄村勇人、2009、「中山間地域まちづくりの課題と構想―豊田市小原地区、下山地区、稲武地区、足助地区を事例に―」、『コミュニティ政策研究』第11号、愛知学泉大学コミュニティ政策研究所
――、2009、「中山間地域再生の方向と住民自治―豊田市の中山間地域を事例に―」、『コミュニティ政策学部紀要』第12号、愛知学泉大学コミュニティ政策学部

── 特集論文　コミュニティ政策の現段階 ──

地域課題をバネに立ち向かう、まちづくりの進化

京都府南丹市美山支所長　小島　和幸

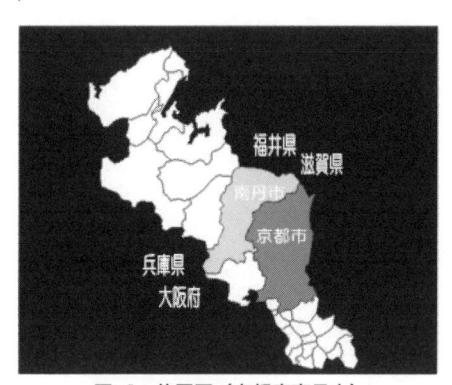

図-1　位置図（京都府南丹市）

1　南丹市美山町の概要──日本の農山村の原風景が息づく自然豊かな里

　南丹市は、京都府のほぼ中央部に位置し、北は福井県と滋賀県、南は兵庫県と大阪府、西は綾部市と京丹波町、東は京都市と亀岡市に隣接する面積616.31km^2（京都府の13.3％）の府内で京都市に次ぐ広大なまちである。平成21年4月1日現在の人口は34,965人、世帯数13,434、高齢化率29.22％となっている。

　平成18年1月1日に京都府船井郡の園部町、八木町、日吉町及び北桑田郡美山町の合併により南丹市が誕生した。合併後も旧町名を引き継ぐことになり南丹市美山町となっている。なお旧美山町は、昭和30年に知井村、平屋村、宮島村、鶴ヶ岡村及び大野村が合併し誕生している。

　美山町は本市内にある稜線を隔てて北東部に位置し、その面積は340.47km^2

図 -2　重要伝統的建造物群保存地区（北集落）

で全市域の55.2％を占める広大な地域である。本市の総合振興計画では、美山町域は「ふれあいの森ゾーン」を形成しており、96％が山林で平坦部の標高は200mを超える山間地域である。美山町は、その名のとおり緑の山々に囲まれ、東端の原生林「芦生の森」を源に由良川が山並の裾野を這うように流れ、その支流も含めた清らかな流れに沿って57の集落が点在する、正に自然豊かなまちである。

　歴史的には、京の都と若狭を結ぶ交易ルート、鯖街道が幾つか確認されている。又、かやぶき民家が多く残り美しい日本の農村の原風景が残る町となっている。天候は日本海側気候、多雨多湿で晴天の日が少なく、年平均気温13℃、年間平均雨量1,509mmとなっている。積雪も比較的多く平成20年の冬には、民家近くでも1.5mを超える積雪があり、又、平成21年の雪は水分を多く含み折損木による森林の被害が甚大であった。

　町内を縦断する国道162号を利用して、京都市へは56km、福井県小浜市までは50kmで、京都縦貫自動車道園部インターへは府道で26kmの距離にある。平成6年、JRバスの町内路線廃止に伴い町営バスを運行し、合併後には市営バスとして事業を引継ぎ新たに園部町(本市の本庁所在地)まで路線を延伸した。町内には鉄路はなく市営バスがJR山陰線園部駅まで、又、京都市右京区京北(旧北桑田郡京北町)まで運行しJR西日本バスに連絡している。平成21年秋の行楽シーズンの土日、祝日には期間限定で、民間バス会社による桂駅(京都市西京区)からの直行快速バスの運行が試行された。

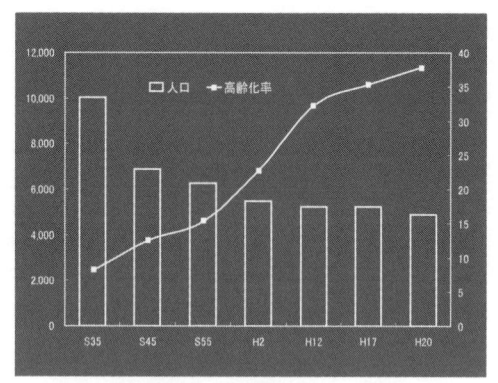

図-3 「美山町の人口推移グラフ」(人・%)

　町の人口は、昭和30年の合併当時には1万人を超えていたが、その後の高度経済成長などの影響を受け過疎化が急速に進み、現在(平成21年4月1日)では4,833人まで落ち込んでいる。高齢化率も昭和40年には10.2％であったものが現在では38.26％となっており、又、平成20年度の出生28人に対して死亡80人となっている。

　観光では、芦生原生林や清流美山川に代表する豊かな自然、里山と田園そしてかやぶき屋根が織り成す農村の原風景、平成元年の美山町自然文化村の開設、平成5年の北かやぶき集落の国の重要伝統的建造物群保存地区選定等、都市農村交流と地域づくりの成果により年間70万人を超える観光客を迎えるに至っ

図-4　有機農業の視察受け入れ（美山支所玄関）

た。主な産業としては、薪炭、木材、養蚕であったが燃料革命と貿易の影響を受け大きく様変わりし、林業では木材価格の長期低迷により森林整備にも支障をきたしている。農業では経営規模は零細である上に担い手不足も相まって厳しい状況にあり、現在では地域資源を活かした都市農村交流と連動した農林業振興に地域活性化の活路を見出している。

　合併協定において、「園部、八木、日吉、美山の各町に支所を置く。(概ね10年が望ましい。)」とされている。市域の広域性や交通事情、緩やかな合併の方向付け等から各支所において総合的な行政サービスの提供ができる機構になっている。その後、本庁所在地の園部町においては、支所機能を本庁に踏襲することになった。本庁では専門性を、支所では地域性を活かし双方が連携する中で市民ニーズに応えている。

　市議会議員については、市町村の合併の特例に関する法律は適用せず、地方自治法の規定に基づき定数は26人となっている。本市発足時に限り市議会議員の選挙区は、旧町の区域に1選挙区を設けており、園部町9人、八木町7人、日吉町5人、美山町5人としている。なお次回選挙から定数は4名削減されることが決まっている。

　美山町内の保育所は、旧村ごとに設置されているが、現在3園が休園中であり2園で受け入れを行っている。小学校は、旧村ごとにあるが1校を除く4校で複式学級を抱えており、中学校は既に1校に統合している。平成21年度の町全体の児童数188人、生徒数126人といずれも小規模化している。特別養護老人ホームなどの老人福祉施設の利用や在宅福祉の充実に努め、関係者による要介護者の見守りや保健福祉ネットワーク会議を開催し情報交換を図っている。子育て支援活動については、子育てサークルが行政の支援を受けながら活動している。小規模であるが町内に1箇所火葬場もあり地元区に指定管理する中で維持され、自宅で行われる葬儀も多い。医療では、公設民営とする診療所と本市直営の診療所を中心に、個人の医院や歯科医、接骨医も存在し多様な医療ニーズに応えているが、いずれも規模は零細で専門的で高度な医療を受けるために町外の医療機関を受診する市民も多い。

　町内の市道の総延長は120kmを超え、冬期には除雪作業による交通の安全確保が必要で除雪車を多く保有している。簡易水道は全戸に完備し、下水道では

6処理区で農業集落排水事業を実施し、その繋ぎ込みと併せて戸別の合併浄化槽の設置を推進している。ゴミ処理、消防、総合病院は、一部事務組合にて近隣の市町と連携し広域的に運営している。全市域に渡りケーブルテレビ網を張り巡らせ、テレビやインターネットのサービスを提供しており、平成23年のアナログ放送廃止にも対応している。デジタル防災行政無線の整備も進めており、災害が予想される時や災害発生時などの緊急時に、避難勧告などの防災情報を知らせるシステムが間もなく完成する。携帯電話の不通エリアの解消にも努めており、近く一部の地域を除きほぼ全域の集落で使用が可能となる。町内には京都府の行政機関として、府内唯一の土木事務所の出張所を始め、ダム管理事務所、造林公社の事務所及び公立高校の定時制分校がある。

2　美山町の地域おこしの歩み──都市との交流と連動した農林業の振興

　これまでの美山町の地域振興策とまちづくりを振り返ってみる。昭和40年代、都市への人口流失により過疎化が進む中で、農地の荒廃が危惧され集落の活性化を目指す懇談会等を多数開催した。全集落内に生産者で組織する農事組合と造林組合を立ち上げ、「住みよいふるさとづくりを目指す実施方針」を策定した。農地の基盤整備を中心に集落センターや農村広場等の施設整備も併せて実施した。私はこうした時代背景を受け、昭和53年、土木技術吏員として美山町役場に採用されることになりUターンした。

図-5　美山町自然文化村（河鹿荘）

平成元年、役場に村おこし課を設置し「村おこし元年」と位置付け、旧村ごとに「村おこし推進委員会」の住民組織を立ち上げ、農産物の販売や農産加工の組織化等、特産品開発を中心に地域経済活性化に繋げる創意工夫ある取り組みを実施した。同年、町直営の体験宿泊施設として美山町自然文化村を開所し都市と農村の交流の拠点とした。施設の利用者はふるさと回帰の追い風もあり年々増加し、平成8年度には年間10万人を突破した。平成17年度からは、町直営方式から財団法人に管理を移行したが、社会環境がめまぐるしく変化する中で、顧客の観光ニーズに即応した商品の提供や施設管理をどうしていくのかが課題である。

　芸術家を中心に単に美山町に訪れるのではなく美山暮らしを求めるニーズが高まりを見せ、平成4年、美山町の第三セクターとして初の法人「美山ふるさと株式会社」を設立し、Ｉターン者の定住のための土地、住宅の斡旋事業に乗り出し、これまでに80世帯を超える受け入れ実績を残している。その後、美山牛乳の製造等、加工販売部門も拡充し生産者の経済支援と地域の特産品開発を担う法人として認知されている。平成7年には、町内2番目の第三セクターとして「美山名水株式会社」を誕生させ、茶缶やミネラルウォーター等の飲料商品を製造し、特に地域雇用の創出に大きく貢献している。ここ数年、飲料メーカーに本格的な経営を委ねてきたが、平成21年度末を持って本市は完全撤退する予定であり、雇用等の地域貢献については新たな民間会社にその役目を引き継ぐことになっている。

　美山町のもつ美しい農村景観、住みよい農村空間を造りＩターン、Ｕターンの受け入れに結び付ける、そして併せて都市住民が求める余暇空間を提供し地域の振興を図っていくことをグリーンツーリズムの基本コンセプトにした。原生林ハイキング、写真撮影会、絵画コンテスト、野草教室などをメニュー化しリピーター確保に努め定住化を下支えした。体験がきっかけになり次に何度も通って来るようになる。そのうち地域への愛着や誇りが自ずと生まれ、やがてここで住んでみたくなる。こうしたニーズに応えるため地元産材を使った製材所も大工さんも工務店も全てメイドイン美山のモデル住宅を公開し提案している。

　美山町へは従来、京阪神を中心に中高年の方が日帰りで来る場合が多く、観光入込客は年々増加してきたが観光消費額に繋がりにくい状況にあった。そこ

で平成13年から中学校や高校の修学旅行の受け入れを開始した。学校行事として一大イベントである修学旅行の形態が、見る観光から体験する観光へと変化していることもあり、田舎体験を希望する学校が増えてきている。美山町の豊かな自然を背景に都会の子供との交流を通じて地域の活性化を図る山村留学制度は、平成10年から知井地区で始まった。毎年10名までの小学生を受け入れ、地区内にある山村留学センターで共同生活を送っている。週一回は里親宅にホームステイし、留学生の通う知井小学校の小規模化にも歯止めをかけている。卒業後には地域に定住する家族も出てきている。

　全国的にも農協の合併が打ち出され、平成10年から町内5箇所にあった農協店舗が合理化され平成13年には町内1店舗となった。

　平成10年、鶴ヶ岡地区では農協支所の廃止が持ち上がり、地域にとってかけがえのない買物の場を消すことはできないと住民が自ら立ち上がった。法人設立の発起人による地域住民への呼びかけなど50回を超える会議や集会を重ね、自治会と住民有志の出資により資本金を集め、平成11年秋、農業と福祉の機能を併せ持つ店舗として有限会社「タナセン」を設立させた。これが農協店舗の跡地を使った住民出資の会社のビジネスモデルとなり、続いて「大野屋」、「ショップ21」、「ネットワーク平屋」とそれぞれの地区に設立されていった。タナセンでは、注文品や牛乳などの宅配も行っており、併せて高齢者への声かけによって見守りがされるが、けして採算が合うものではない。当初、会社の農事部では、

図-6　住民出資の直売所（ふらっと美山の店内）

表-1　美山町の主な年表

昭和54年～	ほ場整備事業の開始
昭和55年	農事組合制度の始まり
昭和63年	全国農村アメニティーコンクール優秀賞の受賞
平成 元年	村おこし推進委員会設立、美山町自然文化村の開設
	女性グループによる農産加工の幕開け
平成 4年	第3セクターの美山ふるさと㈱が設立
平成 5年	美しい町づくり条例の制定
	北集落が国の重要伝統的建造物群保存地区に選定
平成 6年	町内全路線の町営バス化
平成 7年	宿泊・体験ツアーの開始
平成 8年	第3セクターの美山名水㈱が設立
平成11年～	旧JA支所を活用した住民出資法人の設立が始まる
平成13年	旧村単位の振興会が発足
	優良観光地づくり国土交通大臣賞の受賞
平成16年	美山町・佛教大学包括的連携協定の締結
平成17年	美山まちづくり委員会の発足
平成18年	園部町、八木町、日吉町、美山町の合併により南丹市が誕生
平成19年	「美山産官学公連携協議会」を設立

集落を超えた広域営農として転作を進め補助金を得た。制度の変わる農政に揺れながらも、集落単位で農地を守る仕組みづくりを模索している。店舗と併設する介護予防拠点施設は、お年寄りが元気な地域づくりの取り組みとして「お風呂が楽しめるサロン」を目指したが、地域には銭湯の習慣がなかった所為か、風呂の利用は思うように上がらないことが悩みとなっている。これらの法人が旧村をエリアとしているのに対し、集落単位の起業もなされており、かやぶき屋根で国の保存地区に指定されている北集落では、民宿や食堂、特産品加工等を行う法人を平成12年に立ち上げている。

3　振興会による魅力ある地域づくり――新しい住民自治の成果と課題

　平成12年当時、美山町では、農協合併、介護保険制度のスタート、住民出資の会社の設立等めぐるしい動きがあり、また、少子高齢化と若者の減少等により各種住民組織、団体では役員の重複や兼務が多く見受けられ、今後のあり

図 -7　振興会事務所での窓口事務（鶴ヶ岡）

方を見直す時期にきているとの共通認識を持つ必要があった。

　そこで平成12年の秋、行政側から住民の皆さんに、21世紀型とも言える新しい美山町を目指す、人づくり・町づくり・組織づくりのために変革することを提起した。町内の各地域(旧村)が活性化しないと、全体としての町が廃れてしまうとの危機感のもと、行政と住民との距離を縮める、自分たちの地域は自分たちで守る、町に経済力をつけること等を柱とする、これまでとは違った組織づくりをすることにした。従来から地区内にある自治会、村おこし推進委員会、地区公民館を一旦解体し、顔が見える範囲の小学校区ごとの活動系統を一本化し、住民と行政による協働の地域づくりを進める、まったく新しい住民自治組織を立ち上げることにした。

　各地域に行政機構の一部を移管し、地域課題を地域で解決できる機能を持たせるために町職員を地域に常駐させ、①住民の利便性を図る、②地域振興策の推進、③人材の育成を全振興会共通のテーマにして地域づくりを進めることとした。

　役場の課長補佐及び係長職で構成するプロジェクト「いきいき美山21仕掛人会議」のメンバーと課長職の3名で班編成を組みそれぞれの地域に入り、組織再編の対象になっている3団体等の役員により新たな組織づくりに取り掛かった。私もプロジェクトのメンバーとして出身地の平屋地区を担当することになった。旧自治会名は「平屋自治振興会」でそれを新たに「平屋振興会」とするもので「自治」の文字が消えるように、まったく行政主導の組織づくりをすることに他

ならない、これまでの住民自治を真っ向から否定するものであるとの厳しい批判や心配が多く出され、町議会議員も意見が分かれた。しかし、全町的な均衡を図ることや将来の人口動態の危機感と住民の期待する声に応えるなどから、町が示したイメージ図を参考に地域事情に沿った組織づくりをすることで何とか理解が得られた。約半年の組織立ち上げの準備、検討期間を経て、翌、平成13年4月には各地区の振興会が同時スタートとなり、身近な行政窓口サービスの提供と合わせ、経済力を高める事業、将来計画の策定、生涯学習・社会教育活動の推進等、多彩な取り組みが実施されていくことになる。

　事務所は廃止された農協店舗跡に開設し、その時点で店舗が残った地域や役場所在地では変則的なスタートとなった。振興会の運営財源は、世帯あたり徴収される会費と市の活動補助金が主なもので、会費は振興会別に決められ年間3,000円から4,800円の範囲となっている。市の補助金は、平成21年度に各振興会150万円が助成され、振興会の年度予算額は400万円前後となっている。振興会の体制づくりのための行政支援策として、町職員を地域組織に駐在させる、職員に一定の権限を与え、一定の活動費を助成するとし、振興会事務所には行政機構、住民サービス機能を持たせる。駐在する職員は一部の振興会を除き複数で、課長職が事務局長を兼務することとし一定の職務と予算権限を持たせた。定額の活動費とは別に、地域振興事業等については活動の状況に応じて予算化する。

　振興会に対する人的支援として、職員は専門的な指導と助言をすることにした。私も、初代事務局長として出身地の平屋振興会に駐在した。振興会制度は初めての試みであり参考書も手本もない中で何かの課題に突き当たったら、振興会共通のテーマ「①住民の利便性を図る、②地域振興策の推進、③人材の育成」を成就するため何をなすべきかを考え、地域の助役としての気概をもってガンバレと町長に後押しされ、(おだてられたのかもしれないが、)昼間は行政職員として窓口事務や住民要望などの対応に当たり、夜は振興会事務局長として会議に出席し、週末はイベントや事業を地域住民と一緒に開催する多忙な日々を、以後2期4年間送ることになった。振興会設立後に廃止された農協店舗の利活用をめぐり地域からの提案をまとめ、町が施設を取得し地域に開放するやいなや住民出資の法人を立ち上げる原動力になり、ようやく住民から信頼を得ること

になったことが今でも印象に残っている。

　地域課題について気軽に話し合える女性サークルが自然発生的に生まれ、女性の意識調査やイベントの出店などができたことや、地域出身の同僚職員が休日を返上しての振興会事業やイベントでの屋台などの協力には熱いものを感じた。他にも振興会役員体制の見直し、女性の参画、役員の事業担当制、集落単位の地域づくりの喚起、地域の将来ビジョンづくり、地域出身者でつくる愛郷会の設立、地域固有のものづくりの推進、小規模化する小学校との運動会等の共同開催、公共の施設の企画ボランティアの募集、手づくり図書の設置等、いろいろ経験させてもらった。

　町内には高度医療や専門医療が受けられる病院はなく、公設民営の美山診療所を中核の医療機関として、個人医院等との連携により地域医療が守られているが、利用者数の減少により経営は厳しいものになっている。過疎高齢化や核家族化に伴い老老介護の世帯が増え、又地域内の特養施設の待機者も依然多く施設不足の状態が続いている。豪雪地域では除雪作業等の生活支援の必要があるものの、集落全体の高齢化により共同体としての身近な支援体制がつくれなくなっている。これまで外出支援、配食、地域福祉などのボランティア団体の活動が積極的に行われてきたが、団体そのものの構成員が高齢化し組織自体の存続が難しくなっている。

　公益的機能を果たすことが期待される中山間地域の森林や農地の保全も、担い手不足や採算性の面からままならない状況にある。高齢の生産者が手塩にかけて育て、間もなく収穫期を迎えようとしている農産物が、一瞬にして食い荒らされる有害鳥獣被害は惨めである。田畑には、防護柵が張り巡らされ動物園とは逆転した風景がある。農業では、やむなく遊休農地となり、もはや「米すら作れない」状況や、農業の原点とも言うべき集落共同体としての共同作業（地域では日役という。）にも参加したくても参加できない農家が現れてきている。1校を除く小学校で複式学級を抱えるなど小規模校化しており、統廃合についての議論も猶予できない事態になっている。特に小学校は地域との関連が深く多面的な視点に立ち慎重に検討することが望まれる。

　これまで都市農村交流を観光の柱に据えており、もてなし側となる農産物の生産者の主体が70〜80代であり世代交代に対する不安がある。農村の原風景

を演出する、手入れの行き届いた森林や田園風景の持続も大きな課題となっている。農村での暮らしの知恵としてのコミュニティも、前提である役員の交代ができない、兼務が多くなってきており組織の存続事態が危ぶまれる事態となっている。コミュニティの役割は、重要度を増すもののその体力が弱体化しつつあることは実に皮肉である。美山町のように広域で少子高齢化が進んだ地域では行政効率が悪くなってしまう。医療機関の利用者数、市営バスの乗車数、児童数、除雪の頻度等全てが数字的に行政効率を悪くする因子となっている。

総務省によると、自治会や町内会などと呼ばれ、地域で共同活動をする組織

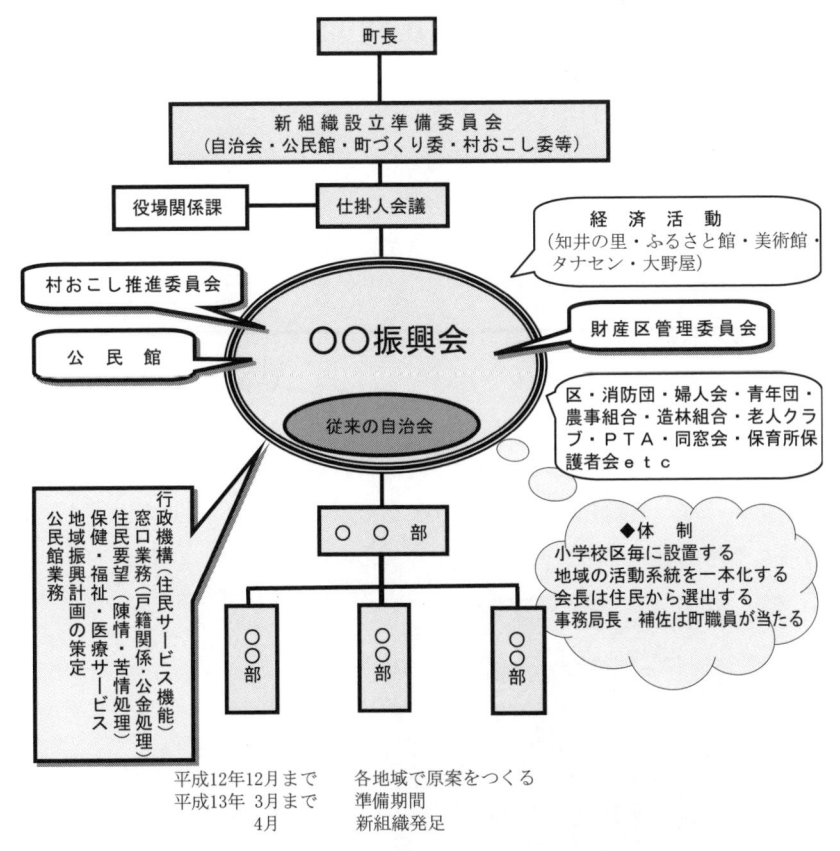

図-8 21世紀に向けての新しい地方自治体の組織づくり（美山方式）

表-2　地区（旧村）別データ　（平成21年4月1日現在）

区分	面積 (km²)	世帯数 (戸)	人口 (人)	高齢化率(%)	集落数	内限界集落
知井	144.00	335	800	39.75	11	3
平屋	31.57	370	910	39.67	10	1
宮島	42.37	460	1,213	38.75	9	1
鶴ヶ岡	77.82	350	926	38.44	18	6
大野	44.71	403	936	36.75	9	0
合計	340.47	1,918	4,833	38.26	57	11

は平成20年4月現在、全国で29万4,359あるそうだ。その1つの組織でもある美山町内の各振興会の取り組みの一部を紹介してみる。

　知井地区は、かやぶき集落や美山町自然文化村を中心とした交流事業が地域振興の特性となっている。知井振興会では、平成17年に少子高齢化が進む中、若者や家族での定住を目指し設立された「知井地区定住促進対策委員会」が、「平成20年度小学校入学1人」の厳しい現実から、新入学祝い金(20万円)、住宅助成制度(小学生以下のいる家庭の家賃補助：1/2、2万円以下、1年間)の地区独自支援策を設け、新聞などを通じて広く全国に定住を呼びかけ、待望の小学一年生を含む5家族の受け入れを達成した。又、若者交流事業として、独身男女の出会いの場の提供、いわゆる婚活として、地域イベントのスタッフを広く募集し共に汗をかくことで出会いをさりげなく演出しているが、残念ながら今のところゴールインまでは至っていない。平成17年度、男女共同参画による地域づくりを掲げ「知井女性プロジェクト委員会」を公募により設立し、地域の見所づくりや花いっぱい運動を精力的に取り組んでいる。美しい知井の里づくり構想を打ちたて京都府の補助事業を活用して、花の苗づくりをして集落や公の施設

図-9　知井女性プロジェクトの活動（市営バスの停留所）

特集論文 地域課題をバネに立ち向かう、まちづくりの進化　83

図-10　年2回発行される機関紙「ひらや」

に配布し、「花のバス停」づくりとしてプランターを飾っている。

　平屋地区の地域振興の特性は、道の駅「美山ふれあい広場」での直売と交流である。平屋振興会は、設立当初から「地域づくりはものづくり」として地域振興の柱に据え、農林産物の栽培や加工の研修、講習、視察等に取り組み、新たにサンショとブルーベリーの生産地を目指す。サンショは町内の山地には自生の木があるぐらい栽培適地で、全国的な主産地の端境期に出荷でき、ブルーベリーは自家用に育てる茶の木の地味を好むもので地域にマッチしている。生産グループの立ち上げと先ずは挿し木からスタートし、今では道の駅直売所に出荷できるところまでに至った。公の施設を使って生涯学習事業を企画するグループとして「平屋ふれあいサポーター」を立ち上げ、子供、サークル、地域住民、高齢者等の交流の場を提供している。施設内の手づくりの持ち寄り図書の管理や夏休みを使った子供お泊り会は人気の行事となっている。

　宮島地区は、町内センターゾーンやかやぶき美術館等での催事が地域振興の特性となっている。この地域は、美山地域の中心部に位置しており、他の地区と比べ地域課題に関する認識に若干温度差があることもあり、振興会の呼び掛けに対して関心が高まらないこともある。賑わいのある地域づくりを掲げ、都市農村交流の取り組みを企画してきたが、その部門は新たに専門的なNPO法人に委ねることとし同設立の立ち上げを支援した。本来、自治組織が行うべき地域の課題と連動した幅広いまちづくりを目指すこととし、市の地域福祉防災活動モデル事業による自主防災の体制整備にも積極的である。同振興会は、本市所有の古民家を再生した農家民宿の支援とかやぶき屋根の美術館の指定管理を

図-11　美山かやぶき薪能「能楽の夕べ」

担っている。振興会の発足にあわせ、かやぶき美術館で日本の伝統文化の継承と地域の活性化をねらい薪能の取り組みを毎年秋に行っている。各種団体の協力により実行委員会を組織し、月夜に照らされるかやぶき民家を背景に篝火が映え、幻想的な雰囲気の中で演じられる狂言、能の舞台。今年は、地域の子どもたちに日本の伝統文化に親しんでもらう「子ども能楽体験教室」を開講し当日発表した。

　鶴ヶ岡地区は、伝統行事や季節催事、又、若狭からの動線が地域特性となっている。平成20年度、鶴ヶ岡振興会は、「魅力あるまちづくり構想」を策定。10年先を見据え「住んでいて本当によかった」と感じられる魅力あるまちの姿を提案し、その実現のために何をすべきかを示した。伝統文化の継承、景観づくり、農地保全と地域資源活用、住みよいまちづくりについてまとめ、集落や各種団体等による積極的な取り組みを呼び掛けた。この構想は、幾つものルートが確認されている歴史街道としての「鯖街道」の中で、地域を縦断する最も西よりのコースを「西の鯖街道」として沿線の活性化を推進する協議会の立ち上げへと繋がった。今では、同協議会のアンテナショップを京都市内の商店街に出店し沿線市町の特産品を販売するに至った。地域にまつわる歴史を尋ね未来を考える取り組みとして「もっと知りたい鶴ヶ岡」の講座を、平成17年度から例年6回程度開催してきた。文献に基づく史実の講演や史跡めぐり、食文化に関わる料理講習会などを企画してきた。正に温故知新によって未来の地域づくりを拓く取り組みとなっている。

　大野地区の特性は、何と言っても美山町の西の玄関口、大野ダムを使った観光である。平成12年に住民出資により設立した「みんなのお店」を運営する有限

特集論文 地域課題をバネに立ち向かう、まちづくりの進化　85

魅力あるまちづくり実施計画			
財産としての景観づくり	伝統文化の継承と自然を楽しむ	農地保全と地域資源を生かす	住みよいまちづくりのために
集落・大字など	専門委員会・同好会など	集落・営農団体・農業法人など	振興会・各種団体など
美しい山や川、田畑を有効に活用し、景観保全を進めるとともに、特産品の栽培地としても活用する。	諏訪神社の春秋例祭や上げ松など伝統行事を都市住民などにも参加いただくイベントととらえ、継承保存に努める。地域の観光資源を掘り起こし、創造し観光客誘致に努めるとともに、地域住民の活動の場を提供する。	農地保全のためのシステムを構築し、農地の有効活用を図る。	生活基盤等の改善をいっそう進めるとともに、高齢者対策など生活環境の改善に、住民といったとなって努める。
棚田の推進 里山作りの推奨 景観作りのための植栽 自生植物の特産化	散策道・登山道の整備 上記施設開拓のためのチーム編成 キャンプ場、オートキャンプ場の設置 さば街道の取り組み強化 観光施設としての拠点作り 特産品開発の拠点作り タナセン・市営バス稲場のトイレ案内看板 伝統芸能の保存	ホームページを活用して情報発信 観光施設としての拠点作り 地域保全活動の推進 タナセン・ごんべの会など住民主体の組織との連携強化・活動支援 作物作りの専門員の育成 空き農地を利用した貸し農園の開設、及び畑作業支援の組織作り	携帯電話不通地域の早期解消 インターネットの普及 中心地整備構想の推進 府道美山綾部線の関連促進 各大学公園館を活用した老人福祉施設の検討 「よっこらしょ」の活用 小学校空き教室を活用した老人福祉施設の検討
地区住民・交流会員・出身者などによるふるさと会員などの参加・協力			

図-12　鶴ヶ岡振興会が策定した「魅力あるまちづくり構想」

会社大野屋は、平成20年から稲の刈り取りなど、農作業の受委託の仲介サービスにも着手し事業を多角化している。立地条件から観光需要に頼れない厳しさもあるが、農産物や加工品の出荷、農作業受委託サービスのオペレーター、販売スタッフの雇用等、金が地域内で循環することで地域経済に大きく貢献しており、商売繁盛は、大野振興会との連携、協力協働なくして語れない。大野ダム公園をフィールドとする都市農村交流、村おこしが以前から同地区の地域づくりの柱となっている。道路改良や有料道路の延伸等で来訪者やドライブの動線が大きく様変わりし交通量は激減している。さくら祭りやもみじ祭りの名所としての催事は定着化しているものの、一年を通しての賑わいの平準化が課題で、ダム公園での冬の「ふるさと茶屋」の開設による観光案内、特産品販売等にもチャレンジしている。

　振興会は、各旧村(小学校区)を範囲とする住民自治組織であるが、その区域を越えて共通する課題の解決策や情報の共有及び連絡調整を図るために、全振興会を対象に美山町地域振興連絡協議会を組織している。設立当初の申し合わせにより各振興会長と事務局長等が出席し、必要に応じて町理事者や職員等の

図-13 「川谷特産加工グループ」のフキ

出席を要請することになっている。重要な地域要望の実現、地域医療のあり方、振興会制度の検証と見直し、合併後のまちづくり等、その時折の課題等について協議し、各振興会の取り組みについても情報交換がされる。

　初代の会長については、今尚、懇親の場がもたれ地域づくりの思い出話に花が咲く、気の置けない同窓会となっている。振興会発足するまでは、公共事業などの行政要望は各自治会が取りまとめ陳情団として役場に出向き、直接、町長に書面にて手渡されていた。振興会制度では、それまでの陳情、要望のスタイルを新たに提案、提言として改めることとし、暮らしに密着した生活要望もその緊急性や重要度により地域で優先順位を付け、駐在する事務局長が行政に持ち帰ることとした。初代事務局長は課長職が兼務しており、地元で一定の方向付けを判断し、わざわざ役場に出向いてもらわなくてもよくなった。

　平成19年11月、地域の個性を活かした美山町の振興会の3期6年間の取り組みが評価され、地方自治法施行60周年記念の総務大臣表彰を受けた。表彰式には美山町地域振興連絡協議会長が代表で出席し、まちづくりを担う振興会としての今後の自覚と、住民一人ひとりの取り組みの大切さを新たにした。

　振興会制度が発足して5年目に当たる平成17年10月、振興会の検証「まちづくりアンケート」を町内各戸に2枚配布し1,267人の回答を得た。振興会の成果と今後の方向付けなど10項目について訊ねた。振興会のコンセプトである、①住民サービスについては、「便利になった」が63％。これに対して②地域の振興ができたかについて「どちらともいえない」が46％、③人材が育ったかについて「どちらともいえない」が53％の結果となった。振興会で身近に行政サービスが得

られるなど行政機能の面での評価は高かったものの、地域づくりや人づくりの評価としては、これからに期待する結果となった。しかし、今後における振興会制度の必要性については、79％の人が必要と答え、振興会の活動について5％の9人が協力するとした。市町村合併を前に、振興会が地域にとってなくてはならないもの、なくしてはならないものとして成熟したことが明らかとなった。

「振興会制度は、行政への依存体質を深めないか。以前なら住民がやっていたことでも職員に頼ってしまう。」との意見がある。地域づくりの成果に重きを置き、行政の関わり方としての本来の自立支援の視点が見えにくかったことも評価としてある。アンケートでは、共通テーマの「人材が育ったか」の問いに否定的な結果も出された。理想的な振興会とは、住民が地域への愛着や誇りに満ち互いに助け合い、豊かな自然と田畑や山林を活かしたまちづくりを実現することにある。

平成20年、こうした現状を踏まえ、これまで美山町地域振興連絡協議会等で「振興会制度に対するこれからの行政支援のあり方」について、慎重な検討と協議を行ってきた。こうした経緯を踏まえ本市として、振興会発足の原点に立ち返り、それまでの8年間の評価と検証に基づき真の住民協働を実現するために、平成21年度から振興会に対する行政支援策を見直し持続可能な制度として再構築することにした。

○見直す支援策
　・各振興会への正職員の駐在を廃止する。
　・各振興会の担当職員を美山支所に配置し、必要に応じて該当地域に出向く。
　・駐在職員の各振興会事務局長の兼務を解く。
　・各振興会に市嘱託職員1名を配置する。ただし宮島振興会は臨時職員。
　・嘱託職員等は、行政事務(窓口事務、地域振興事務等)及び振興会事務(庶務、会計等)を担当する。
○継続する支援策
　・振興会事務所で行政サービスを提供する。
　・振興会の活動に対する助成と指導を行う。
　・地域住民の皆さんとの協働による地域づくりを進める。

振興会では、この市の方針に基づき5期目の役員体制づくりに取り掛かった。今回の方針に一定理解はあるものの不安や戸惑いを伴うものであったが、その後、役員の皆さんの懸命の努力により順調に経過している。担当の職員も協働のあり方を改めて問い直し、現場に吹く風は厳しいものもあったが説明責任を果たす努力に務めた。持続可能な地域経営を推進するためには、地域に自立した住民・リーダー・組織があり役割分担や情報の共有などが必要である。行政は、必要に応じてそれを支援する裏方に徹することが、微妙ではあるが本来望ましい関係ではないか。

4 協働による地域課題解決の模索 「地域への愛着と誇り」が繋ぐ

平成16年2月、美山町と佛教大学とは包括的連携協定を結び、教育・福祉・文化の振興と発展、人材育成、まちづくりに関して連携するとし、合併後は南丹市にこれを引き継いだ。学生と同世代の若者には、地域内ではほとんど出会うこともなく、地域での調査活動やイベントの友情出演で学生を見かけるだけで何かしらパワーをもらうことになる。大学の夏休みには、インターンシップの受け入れを実施し合併後の総合支所の行政サービスやまちづくり等について学び、都市部に住む若い世代としての意見や提言を求めた。同校有志学生による酒づくりプロジェクトは、佛教大学美山荘前の田んぼで酒米を育て、京都伏見にある蔵元との共同でオリジナルの酒づくり・ラベルデザイン・瓶詰め・販売プロモーションまでの商品開発を体験している。

美山まちづくり委員会は、市町村合併を目前にした平成17年12月、今後の美山町のまちづくりを担う住民組織として発足した。公募の委員を含む7名で委員会を設立し、地域の課題解決に向け関係する団体が横断的に連携し振興策の実現を目指す。地域の課題に立ち向かうために、関係する団体が束になって挑んでいくことが重要で、先ず「これからの農地・農業を考えるプロジェクト」を関係する団体で組織し、選出された13名の委員により振興会や集落に出向き、「これからの農村・農業・農地をどうするのか、集落の役割は」をテーマにして懇談を行った。この進め方を、地域課題解決のための体制づくり、ネットワークのモデルにした。

特集論文 地域課題をバネに立ち向かう、まちづくりの進化　89

　平成20年12月、美山町内の芦生から大野ダムまでの由良川に沿った国府道ルート総延長36kmが、美山かやぶき由良里街道として府内3番目の日本風景街道に登録された。申請は、地域住民の連携組織としての美山まちづくり委員会があたり、道路管理者とパートナーシップを組む中で沿線の地域資源の維持増進を図ることにしている。パートナーとしての要件は既に備えており、街並み、自然景観、文化、歴史、交流、そして四季を体感できる新たな地域活性化の資源として位置付けていく。今後はこのルートと交差する「西の鯖街道」の登録申請を予定している。これまでの早くて便利な道路をゆったりとした美しい道づくりにシフトしていく。

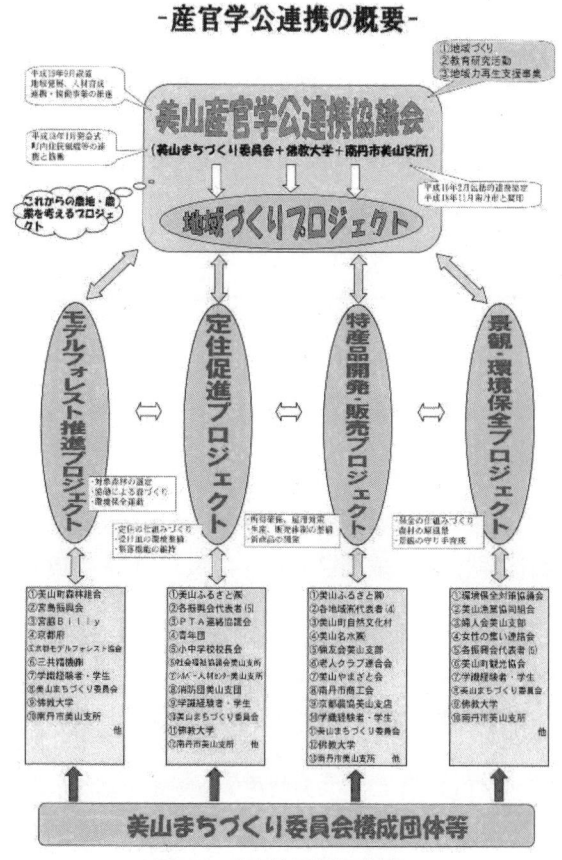

図-14　産官学公連携の概要

図-15　景観環境保全プロジェクト（ベニバナヤマシャクヤクの群生地保全）

　平成19年9月、美山まちづくり委員会、南丹市美山支所、佛教大学そして地域住民が連携する「美山産官学公連携協議会」を設立させた。これは、更なるまちづくりの活性化を願うそれぞれの団体の思いが一致して実現し、地域の発展と人材育成に寄与し効果的な連携・協働事業を推進することを互いに申し合わせた。具体的な協議事項として、地域づくりでは、①景観環境保全プロジェクト、②特産品開発・販売プロジェクト、③Iターン・Uターン定住促進プロジェクト、④モデルフォレスト推進プロジェクトとし、大学の教育研究活動と地域振興を後押しする。

　関係する団体はそれぞれのプロジェクトに分散し、支所職員についても参画する中で、同協議会の方向付けに従い各プロジェクトは独自に取り組みを進めている。景観環境保全プロジェクトは環境整備活動や希少植物の保全、特産品開発・販売プロジェクトは既存商品の掘起しと新商品開発、Iターン・Uターン定住促進プロジェクトは受け入れ策の検討、モデルフォレスト推進プロジェクトでは対象森林の拡大等、取り組んでいるが、構想を実現するための資金不足と財源の確保が課題となっている。

5　集落のあり方を考える――限界集落を元気に

　集落は、土地を共有し、または共同利用することを基礎に、住民相互の助け合いとルールによって営まれてきた共同体であり、大きな家族のようなものである。この助け合い、手間換えのことを美山の方言で「てんごり」といい、田植

えやかやぶき屋根の葺き替え作業をこれまで「てんごり」で守ってきた。平成19年11月、全国水源の里(いわゆる限界集落)連絡協議会は、本市も加入する中で設立された。(平成21年4月1日現在166市町村加入)

　設立を呼び掛けた京都府綾部市は美山町と隣接しており、同市は周辺地域の行政支援等について検討する中で、美山町の振興会制度を参考にして同水源地域に取り入れている。美山町は、平成15年度から町内の57集落が元気に機能し住みよい地域を実現してこそ町全体が活性化するとして、「集落元気づくり事業」を創設し地域産業の育成や景観づくり等を後押しした。3年間に7棟の小規模ではあるが農産加工所を建設し、餅、ジャム、湯葉、フキ、漬物、菓子等の商品化も実現した。平成20年の冬には、本市内14集落(美山町内10集落、日吉町内3集落、園部町内1集落)を対象に、伝統行事、農地管理、将来展望などについて初の「限界集落等実態調査」を実施した。農地の管理は、何とかできているものの、山林については対象の3分の1の集落で、ほとんど管理できていないと答えた。集落役員の交代や携帯電話の不通、有害獣被害、交通の不便さ等の課題が改めて鮮明になった。

　京都府は平成19年度から地域に暮らす人々が協働して自主的に暮らしやすい魅力的な地域にするための地域力再生活動に対して、市町村と連携して支援を行っている。補助率3分の2、交付金の上限は400万円となっており、多くの団体の地域づくりを支援している。美山町では地域力を高める活動の軸となる特産品開発、景観保全等を中心に取り組む集落や団体が支援を受けた。又、過疎化、高齢化が進む鶴ヶ岡福居地区(4集落)では、外部からの協力者としての佛

図-16　「百日紅の里　福居」協定調印式

教大学と協定を結び、集落再生計画づくりや共同活動を行う「ふるさと共援活動支援事業」を平成20年度から取り組んでいる。地域に潜む資源は、そこに住む人には気付きにくいもの。大学生の若い感性で地域資源を掘り起こすのも狙い。地区のシンボルとなる手づくりの木製看板の設置、歴史的登山道の整備、祭りの開催、そばの栽培等の共同作業に心地よい汗を流す。今後は、山菜、アユ、かやぶき屋根等の地域資源を使った商品開発にも意欲的である。

　過疎高齢化が進む集落で、新旧住民の連携により400年以上もの歴史のある田歌の祇園祭（京都府登録無形民俗文化財）が集落で守られている。この田歌区は、33戸に約80人が住み半数近くがIターン世帯である。一時期は都会に出た人を祭りに呼び戻していたが、今ではその心配はなくなっている。集落共有林の地縁団体による所有、松茸山の入札権の拡充、農業機械の共同利用、農事組合による農作業受託等の開かれた集落自治が実現していることが根底にある。

　鶴ヶ岡の舟津区は世帯数13戸の小集落である。同集落は、これからの集落を考えるワークショップを取り組み、子供や主婦を含む約30人が出席。集落内を散策した後、写真や付箋を使って集落の良いところや課題を出し合い、次回には集落の未来マップを作成し具体的な実行計画を立てた。50～60代の地域リーダーとIターン者の発想が新しいエネルギーを織り成し、「絆の里　ええとこ舟津」を合言葉に水車小屋の復活やおいしい米づくり等、元気な集落を目指す取り組みが始まった。

　市町村合併により総合支所の行政形態で美山地域の行政サービスを担う立場

図-17　早大フィールドワーク（舟津水車小屋）

から、地域の課題を本市全体の行政課題として共有するための情報発信として、平成20年度予算要求プレゼンにおいて本市理事者を前に「協働による元気な集落づくり事業」を提案した。これは高齢化が著しく進む集落に対する行政支援策として、ハード面では、該当集落が本市の補助事業等を取り組む場合に補助率の上乗せや分担金の軽減、ソフト面では、該当集落担当職員の配置と庁内プロジェクトチームを設置することとした。予算化は実現していないが、その後、集落支援のための調査や検討に取り掛かった。

地域滞在型ボランティアとして、京都ボランティア学習実践研究会は、知井振興会と連携して平成20年から知井地区の限界集落を対象に雪かきや草刈、水路掃除などを手助けするワークキャンプを取り組んでいる。参加する女子大生らは、地域の施設に泊り込み自炊しながら順次対象集落の作業に回る。同振興会では、支援集落の年忘れ落語会を開催し寂しくなった集落に笑いを届ける取り組みも行っている。

以上、30年余りの美山町の変遷を振り返った。僅か30年余りであるにも関わらず社会情勢の影響を反映し、実に目まぐるしい変化となっている。まちづくりの観点からすればすばらしい発展を遂げたにも関わらず、人口は減少し集落の存続をも憂える事態が間もなくやってくるのか。よく引き合いに出される地球カレンダーで、46億年の地球の歴史を1年に縮小すると、人類が誕生したのは12月31日の14時30分、同日の23時59分58秒に産業革命が始まり、年が終わろうとする最後の2秒間で人類による地球環境の破壊が一気に進んだといわれている。農村社会、共同社会の知恵を今をも含むこれからの僅かな時間、地球カレンダーでは一瞬にして消滅させてもかまわないのか。農村社会の空洞化が指摘される。見える現象としてそれは人であり、土地であり、集落の空洞化である。それでは、そこに暮らす人々の心はどうなのか。メンタルな観点からはプライドの欠如を指摘している。田舎暮らしがコンプレックスになっていないか。地域への愛着はあっても誇りまでも併せ持っているのか。確かに田舎に暮らすことは一種のハンデキャップであり、都市側にはその部分を思いやる心が必要であると思う。全国水源の里連絡協議会の設立総会で「上流は下流を思い、下流は上流に感謝する」の理念に基づく流域連携の必要性を全国にアピールして

いるように。プライドこそが持続ある農村社会を築く原点であり、プライドこそを次の世代に引き継がなくてはならない。これまで営々としてプライドが引き継がれ今の農村社会があるように。

「もっと知りたい鶴ヶ岡」の講座を通して、温故知新、昔の知恵を今のまちづくりに生かす取り組みを行ったように、プライドを学び活かす生涯学習の事業こそが、振興会をはじめとするまちづくりの取り組みとして重要であり期待したい。地域や集落を大家族と見立て、老若男女、世代を超えた危機感の共有とプライドの醸成が不可欠である。これを土台にして地域の課題に即応したまちづくり事業を展開する。

行政では実現しづらいことでも、住民が主体的に行動することで成しえることが着実に現実化してきた。しかし、協働の理念についての拡がりやそれを支える仕組みはまだまだ充分ではなく、単なる行政の下請け、これまでの行政事業を住民に安く任せることが協働であるという誤解を生み出してはいないか。国の人材育成に関する支援策として、総務省の地域おこし協力隊や農林水産省の田舎で働き隊、国土交通省のリーダー養成研修など幅広いメニューが用意されているものの、縦割りで個別に実施されている。現場としての過疎地域の振興を専門的に担う横断的なプロジェクトによる支援体制の確立、連携強化を強く望む。地方分権の提唱により地域間格差は是正されたのか。協働のまちづくりを進めるために住民側に権限を託す地域内分権がもっとあってもよいのではないか。

「限界集落で老いて楽しむ」こんなプライドに応えられる、協働による支援策の構築が急がれる。

── 自由投稿論文 ──

本論文は複数のレフェリーによる査読を受けたものです。

マンション増加地域におけるコミュニティ運営
──京都市都心部の町内・元学区を事例として──

Community management in the Condominium increase region
（A case study of a community in Central Districts of Kyoto City）

同志社大学博士後期課程／京都市景観・まちづくりセンター嘱託職員／
花園大学非常勤講師　田中　志敬
TANAKA, Yukitaka

── 要　約 ──

　都心部を中心にマンションストックが増え続ける中で、地域コミュニティでは2つのリスクが存在している。1つは元々の地域コミュニティの担い手が不足し、地域運営ができなくなった結果おこりうる、地域のスラム化のリスクである。もう1つは、マンション内コミュニティが形成されず、適正なマンション管理運営ができなくなった結果起こりうる、マンションのスラム化のリスクである。マンション居住者が地域コミュニティの運営に参画することで地域コミュニティの再生がはかられ、地域での交流がマンション内コミュニティの形成の一助となる好循環が実現すれば、論理的あるいは長期展望では、両者のリスク回避へとつながっていく。

　本稿では、このマンションストックの増加に伴う地域コミュニティの運営のあり方に着目し、京都市都心部の町内・元学区を事例として、その課題と展望を指摘する。

キーワード：コミュニティ運営、マンション、京都市都心
Community management 、Condominium、Central Districts of Kyoto City

1　マンションストックの増加と地域コミュニティ運営

　国土交通省の推計によると、大都市部を中心に毎年約20万戸のペースで分譲マンションの供給が続いている[1]。日本における分譲マンションストックは、2008年末現在、全国で約545万戸、居住人口では約1,400万人[2]にのぼり、特に

都市部においてマンションという居住形態はスタンダードなものになりつつある。加えて国土交通省が行った2008年度のマンション総合調査では、「永住するつもりである」という回答者が、1980年度の22.5％から49.9％に増えている。つまり、分譲マンションストックの増加と平行して、そこを終の棲家とする永住志向をもったマンション居住者も増加していることがわかる。

　このマンションストックの増加に対し、国の住宅政策においても管理修繕を適正に行うストック社会へのベクトルの変化が見られる。国土交通省では2004年に、管理組合が管理規約を制定、変更する際の参考として、新たに「マンション標準管理規約」を公表した。この中には「地域コミュニティにも配慮した居住者間のコミュニティ形成（単棟型第32条第15号等）」という項目としてあがっている[3]など、単なる建築物の修繕管理面のみではなく、マンション管理の充実やそれを支えるコミュニティの形成の重要性が挙げられている。

　一方で、この永住志向の居住者を伴ったマンションストックの増加は、マンションにとっては周辺環境等の外部性[4]である地域コミュニティに対して、大きな影響と課題をもたらす。潜在的には、マンションのスラム化による地域環境への悪影響とそのリスク回避の課題、既に顕在化しているのはマンション居住者も巻き込んだ地域のコミュニティ運営の連携上の課題である。特に都心部ではこれらは都心回帰という状況で捉えられ、地域コミュニティが衰退状況にある中で[5]、このマンション居住者を新たな担い手とする地域コミュニティの再生の可能性を秘めている。

　論理的あるいは長期的展望では、マンション居住者が地域コミュニティの運営に参画することで地域コミュニティの再生がはかられ、地域での交流がマンション内コミュニティの形成の一助となる好循環が実現すれば、両者のリスクは回避される。しかし、現状ではマンション居住者と地域コミュニティとの好循環は生まれておらず、マンション居住者の自治組織への加入率の低下や実際の交流や連携の乏しさ等、地域コミュニティの運営を行う自治組織の地域代表性[6]は失われつつある。これは単に地域コミュニティの衰退のみを意味するだけではない。現在の地域分権化の流れの中で、ローカルガバナンスや地域共同管理の一翼を担うものとして、ますます脚光を浴び役割を期待されている地域コミュニティレベルの自治組織の衰退であり、ローカルガバナンスや地域共同

管理の足元が脆弱化していることを意味する。

本稿では、このマンションストックの増加に伴う地域コミュニティの運営のあり方とその再生の可能性に着目し、京都市都心部[7]の町内・元学区を事例として、その課題と展望を指摘する。2章では、地域コミュニティの特性である町内と町内会、元学区と自治連合会の仕組みを概観する。3章では、マンションの居住者の状況から、とりわけ都心部においてマンション居住者の人口・世帯割合が大部分を占めている現状を確認する。4章では、町内会と自治連合会がマンション居住者の地域コミュニティへの所属をどのように判断して対応しているかの状況を確認する。5章では、町内や元学区でのマンション居住者との交流や地域コミュニティの運営上の連携に向けた取組事例を報告する。

2　京都市都心部の地域コミュニティの特性[8]

京都市には、住民自治を行う狭域な地域コミュニティの町内とその運営を担う町内会、そして町内と行政区の中間にあたる広域な地域コミュニティの元学区とその運営を担う自治連合会がある。市域は11の行政区に区分され、それが概ね222の元学区と6289の公称町に区分されている[9]。2005年現在、京都市民は65万3860世帯、147万4811人なので、単純計算すると1行政区の平均学区数は20学区で1学区の平均公称町数は28町となる。また1学区の平均規模では2945世帯、6643人、1町内には平均104世帯、235人が住んでいることになる。

都心部の町内の特徴は、道路を挟んだ両側を街区とすることから両側町とも呼ばれる街区構造になっている。成立起源は室町時代後期の動乱時に町衆が協力して共同防衛を行ったことに遡る。現在でも近世や中世まで遡れる町内もあるなど様々な歴史的な蓄積が見られるところも少なくない。

元学区とは、元々の小学校区を範囲としたコミュニティである。特に都心部では小学校の統合等で現在の小学校区とは必ずしも一致していないため、マンション居住者などの転入者には認知されていない場合もある。地元の住民からは元々の学区という意味で、元学区やあるいは単に学区と呼ばれている。この元学区は、特に都心部や旧伏見市街地では明治初期に住民が寄付金を出し合い建設した番組小学校の通学区に由来する。さらに都心部では、町組と呼ばれる

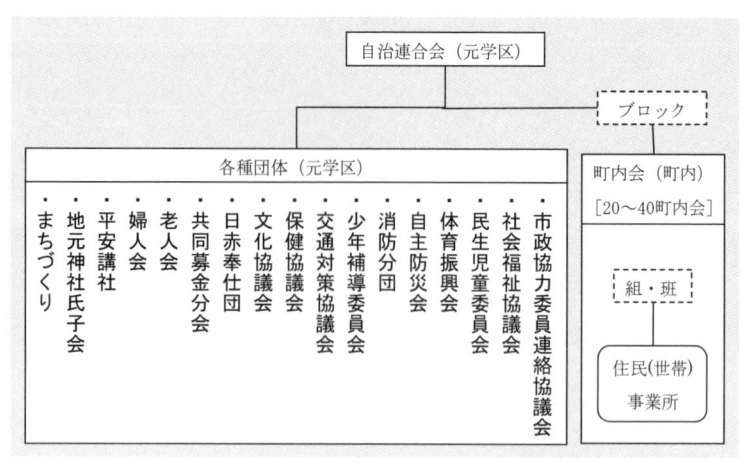

```
                    ┌─────────────────┐
                    │ 自治連合会（元学区）│
                    └─────────────────┘
                     │              │
                     │         ┌ ─ ─ ─ ┐
                     │         │ ブロック │
                     │         └ ─ ─ ─ ┘
                     │              │
    ┌────────────────────┐    ┌──────────┐
    │  各種団体（元学区）  │    │町内会（町内）│
    │  ・市政協力委員連絡協議会│    │[20～40町内会]│
    │  ・社会福祉協議会    │    └──────────┘
    │  ・民生児童委員会    │         │
    │  ・体育振興会       │    ┌──────────┐
    │  ・自主防災会       │    │  組・班   │
    │  ・消防分団        │    └──────────┘
    │  ・少年補導委員会    │         │
    │  ・交通対策協議会    │    ┌──────────┐
    │  ・保健協議会       │    │住民(世帯) │
    │  ・共同募金分会     │    │ 事業所   │
    │  ・日赤奉仕団       │    └──────────┘
    │  ・文化協議会       │
    │  ・老人会          │
    │  ・婦人会          │
    │  ・平安講社        │
    │  ・地元神社氏子会    │
    │  ・まちづくり       │
    └────────────────────┘
```

『京都の「まち」の社会学』2章（田中 2008）より引用

図-1　町内-学区の組織構成（一例）

室町時代後期に形成された町の連合体に自治の起源を持つ。またこの番組は単に教育事務や地域コミュニティの住民自治の単位であっただけでなく、かつては消防や警察、役場など公的機関の支所が置かれる団体自治の単位でもあった。なお現在でも、**図-1**にあるように各種の行政協力組織の地域コミュニティでの結節点となり、国勢調査等の統計区にもなっている。

　図-1にあるように、この町内と元学区を自治単位とした組織構成は、町内では住民や事業所を構成員とした町内会があり、住民間の日常のお付き合いの場となっている。元学区では、この町内会の連合体と公的機関等を上部団体に持つ各種団体とで自治連合会が組織化されている。先述したように、元学区が団体自治と住民自治の結節点となり、防犯や防災、福祉など広範な領域にわたって地域コミュニティの運営を行っている。

　京都市における町内会および自治連合会の役割(田中, 2008)は、町内会では、回覧板による情報連絡や各種募金活動をはじめ、街灯の管理やごみの収集時の清掃などが行われるほか、元学区の自主防災会の支部が置かれて防災訓練も行っている。他にも市政協力委員や民生児童委員や体育振興会の委員などの各種団体の町内委員が、町内を単位とした暮らしの相互サポートを展開している。また習俗祭礼面では、氏子の神社へのお千度参りや町内の地蔵を祀る地蔵

盆を行うところも多い。この地蔵盆は近畿地方で見られる習俗祭礼行事である。特に京都では単なる習俗祭礼行事ではなく、読経や数珠回しといった子供の安全の祈願とともに、ゲームや福引など子供が楽しめる町内行事である。また子供を介して大人同士の親睦を深めている。他にも四条室町周辺の山鉾町と呼ばれる町内では、町内会とは別に保存会という組織をつくり、祇園祭で山や鉾と呼ばれる山車の巡行を行っているなど、それぞれの地域固有の文化や習俗祭礼が見られる。

　自治連合会では、図-1の組織図からも分かるように自治連合会全体やそれぞれの各種団体の活動によって、暮らしの相互サポートの多分野の領域を網羅している。その一例をあげると元学区の運動会や夏祭りなどの親睦行事のほか、防災訓練や防犯活動、交通安全や子供の登下校時の見守り活動などの共同防衛機能、高齢者への配食サービスや子育て支援などといった地域福祉機能などが見られる。また習俗祭礼面では、元学区単位に祇園祭を行う八坂神社の清々講社や、時代祭を行う平安神社の平安講社など、特定地域や市全域に渡って氏子組織や神奉賛組織が結成されている。これらが自治連合会の各種団体に組み込まれていることも珍しくはなく、自治連合会から町内会を通じて住民へ参加者や寄付を募っている。

　各種団体の中で特筆すべきことは、市政協力委員と市政協力委員連絡協議会である。京都市では、町内会や自治連合会を地域住民の自主的な組織と位置づけ、公式的には行政補完の役割は、各町内の市政協力委員とその連合組織となる元学区での市政協力委員連絡協議会に委託している。ただし、町内では市政協力委員を町内会長が兼務する場合が多く、元学区では市政協力委員連絡協議会も自治連合会の一構成団体となることも多い。つまり実質的には、町内の市政協力委員と元学区の市政協力委員連絡協議会との表裏一体の関係として、町内会や自治連合会が住民と市政をつなぐパイプとなっている。

　このように京都市都心部のコミュニティは長い歴史や文化的背景を持ち、現在でも職住一致の生活を行う自営業層がおり、根強くコミュニティ運営が継承されている。

3 京都市都心部のマンション居住者

表-1にあるように、2005年の国勢調査では分譲と賃貸も含めた全国のマンション居住者の人口割合は30.8%、世帯割合は39.5%となる。京都市ではそれよりも高く、マンション居住者の人口割合は36.0%、世帯割合では47.5%となっている。上京区、中京区、下京区の都心3区ではその割合はさらに高まり、マンション居住者の人口割合は41.8%、世帯割合では55.1%と過半数を超えている。都心部に絞っていくほどマンション居住者の割合は増え、都心に位置する17の元学区ではマンションの居住者の人口割合は58.3%と過半数を超え、世帯割合では70.0%を超えている。また元学区ごとに見ると烏丸通を挟んで隣り合う明倫学区と日彰学区ではマンション世帯割合が80%を超えている。中京区の立誠学区の割合が低いのは河原町や木屋町等に面した繁華街に位置するためである。もちろんこれらの割合は賃貸マンションも含んだもので、分譲マンションのみではその割合は低くなるが、2007年現在、京都市内には1,414棟の分譲マンションがある[10]。なお他都市の都心部では再開発によりタワーマンションなどの大規模なマンションが見られるが、京都市では従前の敷地の狭さや高さ規制や容積率の規制が厳しいこともあり、都心部のマンションの大半は住戸数が100戸未満の規模となっている。

表-1 マンション居住者の人口・世帯割合
2005年国勢調査より作成

		世帯	人口
全国		39.5%	30.8%
京都市		47.5%	36.0%
都心3区		55.1%	41.8%
中京区		58.1%	44.8%
下京区		56.2%	44.1%
都心17学区		70.0%	58.3%
中京区	城巽	75.5%	60.6%
	龍池	78.5%	63.7%
	明倫	80.5%	70.7%
	本能	77.7%	68.6%
	初音	79.3%	67.5%
	柳池	78.9%	70.0%
	銅駝	76.7%	68.4%
	立誠	14.1%	9.3%
	生祥	70.3%	56.4%
	日彰	81.7%	73.4%
下京区	修徳	77.2%	63.9%
	格致	69.3%	57.4%
	成徳	76.7%	65.7%
	豊園	62.0%	47.9%
	開智	51.6%	33.5%
	永松	68.9%	57.3%
	有隣	70.3%	56.1%

4 町内・元学区のマンション対応概要

　ここでは、2005年に京都市中京区の全23の元学区の自治連合会の代表者へのヒアリング調査[11]から、都心部の17の元学区に含まれる中京区の10の元学区のうち、マンション居住者割合が低い立誠学区を除く9つの元学区を抽出し、マンション住民に対する町内会と自治連合会の対応を見る。

4.1 自治連合会加入率

　自治連合会への加入率は、不明の明倫学区を除くと、51.2％から101.8％で、8学区の平均加入率が73.7％となる。日彰学区が100％を超えているのは、ヒアリングした加入世帯数には事業所の構成員も含むのに対し、母数の総世帯数として事業所を含まない国勢調査をもちいたためである。そのため、どの元学区においても実際の居住者の加入割合はこの概算よりも低くなる。また戸建ての加入率はどの元学区においてもほぼ100％という回答を得ており、マンション居住者の加入率の低さが、全体の加入率を引き下げていることがわかる。なお筆者らが大阪市の区役所で行ったヒアリングによると連合地域振興町会への加入率が約69％、北区では約57％に留まり、マンション居住者の加入率が低いという回答を得ている[12]。ここからもマンション居住者の自治組織への加入率の低さは、京都市のみならず都心部では共通の課題と言える。

表-2　都心部の9つの元学区のマンション対応

対象元学区	城巽	龍池	初音	柳池	銅駝	本能	明倫	日彰	生祥
マンション居住者世帯割合	75.5%	78.5%	79.3%	78.9%	76.7%	77.7%	80.5%	81.7%	70.3%
マンション居住者人口割合	60.6%	63.7%	67.5%	70.0%	68.4%	68.6%	70.7%	73.4%	56.4%
総世帯数　＊2005年国勢調査	2407	1485	1735	1989	1600	2332	1584	1530	1051
総人口　＊2005年国勢調査	4352	2276	2878	3780	2792	4443	2793	2741	1791
自治連合会加入世帯	1387	1199	888	1276	1327	1550	不明	1558	887
自治連合会加入率　＊加入世帯/総世帯数　＊事業所世帯数は未換算	57.6%	80.7%	51.2%	64.2%	82.9%	66.5%	不明	101.8%	84.4%
町内会数	37	22	25	22	21	22	27	61	24
マンション町内会数	3	1	2	4	4	0	0	37	0
見做し町内会数	7	0	1	0	1	0	0	0	0
マンションの所属形態　①既存既存町内会に加入　②独立マンション町内会　③見做しマンション町内会　＊町内判断=町内会が①②③を個別に判断	町内判断	町内判断	町内判断	②	町内判断	①	①	②	①
①町内会対応型　②町内会要請・自治連合会対応型　③自治連合会対応型	②	②	②	③	②	①	①	③	②

4.2 自治連合会費

表-2には掲載していないが、世帯ごとの年間の自治連合会費は、町内毎に分担金の割り当てを決めている一学区を除く8学区全体では、300円から4800円までと幅広く、平均が2863円となる。この会費額は、各世帯から集めた町内会費のうち、町内で使う費用を除いて自治連合会に納入された金額である。元学区間の金額の差は各学区の活動量にもよるので今回は触れない。特筆すべきは、元学区内でワンルームマンションとファミリーマンション、戸建てとの会費の金額が異なる元学区が8学区中5学区で見られる点にある。戸建ては、2400円から4800円の間で平均が3450円、ファミリーマンションが2400円から4800円の間で平均が3000円、ワンルームタイプが300円から4800円の間で平均が2863円と、戸建ての金額に対してファミリーマンションは低く、ワンルームマンションはさらに低い。ある元学区ではワンルームマンションの会費は300円で戸建ての3000円の10分の1になっている。これらの金額の差が生まれる理由は、マンションでの各世帯の個別徴収が難しく、マンション全戸数分を一括して納入している現状があり、空室率を換算して安くしているというケース。またマンション居住者が地域行事等に参加することが少ないという実態から安くしているケースもある。

このように会費の減額や町内役員の就任免除などのマンション居住者の負担義務が軽減される一方で、マンション居住者が参加できる地域行事の制限を設ける場合、町内会での議決権がない場合や一棟で一票の議決権しか持たない場合など、地域コミュニティ内での権利制限も見られることも留意する必要がある。

4.3 地域コミュニティの対応窓口

マンション建設時のマンション業者との交渉や入居後のマンション住民への働きかけを行う地域コミュニティの対応窓口は、①町内会対応型、②町内会要請・自治連合会対応型、③自治連合会対応型の3つがある。中京区全体では60.9％が①町内会対応型で30.4％が②町内会要請・自治連合会対応型、8.7％が③自治連合会対応型であった。ところが都心の9つの元学区では5つの元学区

が②町内会要請・自治連合会対応型となり、①町内会対応型よりも多い。これは当初は町内会で対応していたが、特に都心部でのマンションの建設数が増えるにしたがい、輪番制の役員が多く自治意識の弱い町内会では対応できなくなり、自治連合会へ対応を求めるケースが増えてきたためである。明倫学区と本能学区が①町内会対応型なのは、5章で例示するように、決してこの2つの自治連合会が非協力的というのではなく、各町内会の自治意識が高く、マンションは既存の町内会に加入することが方針として決まっているからである。また、柳池学区や日彰学区で③自治連合会対応型なのは、事業所が多く居住者が少ないことなどにより対応しきれない既存の町内会が多いため、自治連合会が一括して対応窓口になる方針を決めているからである。

これらを踏まえると、既存の地域コミュニティの担い手が少なくなっている現状では、まずは規模の小さい既存の町内会から弱体化が進行し、今後は対応窓口を自治連合会に依存する②町内会要請・自治連合会対応型と③自治連合会対応型が増加することが予測できる。

4.4　マンション居住者の地域コミュニティの所属形態

マンション居住者の地域コミュニティへの所属のパターンは、①既存の町内会加入、②独立のマンション町内会、③独立の見做しマンション町内会の3パターンが見られる。図1のように通常、戸建て居住の住民は既存の町内会に加入し、その町内会を通じて自治連合会と関わりを持つ。同様にマンションも一棟を組や班として既存の町内会に加入する場合もある。しかし、マンション居住の住民の場合は必ずしも既存の町内会を通しての加入だけではない。マンション自体が既存の町内から独立して独自のマンション町内会を作る場合や、マンション自体が既存の町内から独立しているものの実質的な町内会活動を伴わない見做しマンション町内会となる場合もある。なお実際には、加入率の低下にも見られるように、上記の3つに加えて町内会や自治連合会と関係を持たない地域コミュニティへの無所属のマンションもある。

これらの3つのパターンを中京区の9学区でみると、明倫学区、本能学区、生祥学区のマンションは組や班として既存の町内会に加入する①既存の町内会加入が暗黙のルールとなっている。それは各町内が自分達の町内の歴史や文化に

こだわりをもち、マンション独自の町内会をつくることによって町域が分けられることに抵抗感を持っているためである。

一方で、②の独立のマンション町内会となることが、自治連合会の規約や方針として決まっているのが、日彰学区と柳池学区である。日彰学区では15戸以上のマンションはマンション町内会として独立し、柳池学区でも50戸以上のマンションはマンション町内会として独立する。これらの方針を作った背景には、地域コミュニティに無所属のマンションが増えること未然に防ぐためや、マンションへの広報や配布物の配布などといった既存の町内会役員の負担軽減のためであることが多い。

残りの学区では、既存の町内会の判断によって3つのパターンが選択される。城巽学区に多く見られるが、マンション内から町内会長や市政協力委員などの町内委員を輩出できない場合は③見做しマンション町内会になる。この見做しマンション町内会は、建設時のマンション反対運動などにより既存の町内会が加入拒否をした場合や、逆にマンション事業者や管理組合が町内会への加入拒否や、独立マンション町内会として役員輩出を拒否した場合に起こりうる。これにより、一旦、町内会も自治連合会も関知していない地域コミュニティに無所属のマンションが生まれる。当然、これらのマンションには町内会長や市政協力委員などはおらず、元学区での町内会長会議などにも出席していない。そのため、例えば城巽学区のように、町内会長会議の際に渡される京都市や元学区での広報や配布物を、自治連合会の役員が各マンションまで届けるフォローがあることで、辛うじて見做し町内会として成立する。なお城巽学区のように自治連合会として対応することをしなければ、地域コミュニティへの無所属マンションのままになる。

見做しマンション町内会は主に都心部でマンション建設がされはじめた当初のマンションであることが多い。町内会と自治連合会ともにマンション対応経験が乏しく、マンション対応の町内会と自治連合会の連携体制などができていなかったことによって生まれている。

前節同様、既存の町内会の力の弱体化と自治連合会への依存傾向が強まる可能性を考えると、マンション居住者の地域コミュニティへの所属のパターンは、今後は②独立のマンション町内会が増えてくることが想定される。

4.5 小括

　本章では、中京区の自治連合会の代表者へのヒアリングをもとに、マンション居住者の所属形態や所属に対する町内会や自治連合会の対応実態について述べた。各節で指摘したとおり、今後は一部の元学区を除き、特に既存の町内会の運営基盤が弱体化しているところでは、自治連合会の対応への依存度が高まりマンション町内会が増えていく傾向になるのではないかと思われる。

　しかし、自治連合会がマンションをマンション町内会として独立させ、当面のマンション対応に対する既存の町内会の負担軽減を行うことは、同時に町内レベルでの既存のコミュニティの再生は実現しないことを意味する。これは長期スパンで考えると、将来的に既存の町内会は解体し、残された地元の住民は町内レベルのコミュニティからは切り離されることになる。実際に5章のD学区H町の事例では既存の町内会が解散しマンション町内会への統合が現実化している。

5　町内・元学区の取組

　表-3にあるように、中京区自治連合会調査の結果では、都心部の9元学区のうち5つの元学区でマンション居住者との交流は難しいと答えている。その背景には、前章で報告したマンション居住者の所属形態や町内会や自治連合会の対応などは、町内会と自治連合会との取り決めや、建設時に町内会や自治連合会と事業者との交渉等で進められることが多く、その時点でマンション居住者は介在していないことが多い。そのため町内会や自治会の体制に関わらず、実際のマンション居住者との交流は難しいのが実態である。なおマンション町内会となるところでは、町内会長や市政協力委員などの役員や委員を輩出しているが、それでもなお各種団体への役員の輩出や、役員以外のマンション居住者

表-3　都心部の9つの元学区のマンション対応

対象元学区	城巽	龍池	初音	柳池	銅駝	本能	明倫	日彰	生祥
既存住民とマンション居住者との交流の難しさ		難しい	難しい	難しい				難しい	難しい
町内会・自治連合会への加入・所属等の方針			検討中	○	○	○	○	○	○
マンション実態調査等の実施による実態把握	○				○	○			
地域紹介パンフレット等の作成による認知度UP	作成中	○							
マンション居住者との交流の取組による関係作り	○					○	○		

の地域行事等への参加には苦慮しているようである。
　一方で、難しいと答えなかった元学区でも、マンション居住者との交流は決して容易なわけではない。実際にはマンション居住者との交流や連携を地域課題ととらえ取組を進めている。以下では、この9学区内の町内と元学区での取組事例を紹介する[13]。

5.1　町内の事例

1）　既存の町内会からの離脱：H学区R町

　この町内では、2000年に134戸の分譲マンションが建設された。建設時には近隣町内などの建設反対運動も生じたが、事業者との交渉によりマンション一棟で既存の町内会に加入することが決まった。ところが入居後、マンション居住者から町内会運営の不透明さが指摘され、管理組合として既存町内会からの脱退を決議した。この背景には、マンション居住者の地域参加が少ないという実態に対し、マンション居住者の町内会費額の設定が高すぎるのではないかとの意見がマンション居住者から出たことによる。
　なお、実際に地域参加をしていた居住者は、地域参加へのニーズがあることから、その後、個別に既存の町内会に加入している。

2）　マンション町内会の独立と既存町内会の解散・統合：D学区H町

　この町内では、2000年に75戸のマンションが建設された。マンションの管理組合が結成された総会時に、立地する地元のS町の町内会役員が出席し、地元が12戸と少ないため、マンション独自で町内会を作ってほしいと願い出た。そこで管理組合とは別にH町内会を立ち上げ、マンション町内会として既存の町内会から独立した。
　実際の運営は管理組合の役員が町内会長、市政協力委員、体育振興会、少年補導委員など町内委員を兼務している。マンションが1棟で独立した町内会となることで、町内委員を通じた自治連合会とのおつきあいも生まれてきた。マンション居住者の地域行事への参加者も多く、学区民体育祭の町内会対抗では、H町内会が優勝したこともあった。
　ところが2007年にH町内会が立地する地元のS町の町内会が運営を維持でき

なくなり解散した。しかし、それでは既存の町内会に所属していた住民は学区や公的機関とのつながりがなくなり情報が回って来なくなる。そこで、S町に居住するお寺と高齢者の2軒の戸建てから申し出があり、マンション町内会であるH町内会に加入することとなった。彼らからは会費を貰い市民新聞や回覧などの資料を渡している。しかし町内会の総会は、マンションの管理組合の総会と兼ねているため、総会への出席しにくい雰囲気があるのか遠慮をしている。ただし、町内行事の新年会や体育祭の足洗いには出席している。

なおH町内会のあるD学区では戸数の少ない場合を除き、マンションは一棟で町内会として独立することになっている。これは2000年ぐらいから学区でルール化された。戸建ての軒数が少ない場合、将来の町内会運営を考えるとマンションと一緒にしていく選択肢もあるが、地元独自でやっていくという現状維持を優先している。

3) 5年間の役員就任猶予期間：J学区T町

この町内では、2003年に37戸の分譲マンションが建った。町内には元々3つの組があったが、建築時に事業者と近隣協定を結び、マンション1棟で町内の1組となった。町内会では建設計画が持ち上がった際に、「町内に居住して5年が経過した後に、町内の役を担える」という項目を町内会規約に追加して明文化した。その背景には町内の思いとして、マンションや戸建の住民に関わらず、引っ越して5年ぐらいすれば、町内のことが少しでも分かってもらえるのではないかという判断と、マンションの居住者も、いきなり町内の役を負わされるよりも、町内に慣れてお互いに顔見知りになってもらってからの方が良いのではという配慮があった。現在では5年を経過して、マンションからも町内役員が出てきている。

町内では交流行事として、地蔵盆やボーリング大会、餅つきなどを行っており、マンションの子育層や若者の参加が多い。町内の子どものほとんどがマンションに住んでおり、子どもが増えたおかげで町内は活気づいている。なお町内行事の案内は、戸建ては回覧板でやり取りしているが、マンションの場合は管理人を通じて全戸に配布をしている。また地蔵盆は習俗祭礼行事のため町内会の会計とは別で、寄付金を募って運営している。さらにマンション住民の中

には、地蔵盆の習慣そのものが分からないという人もいるため、案内のチラシも戸建とは別に解説を入れ、きちんと会計報告をすることで活動への理解を得ている。

4) 有志の緩衝組織を介した町内運営：M学区K町

　繊維関係の事業所が立ち並ぶ商業の中心地に立地する町内は、町家での職住一致の生活が減少し商業専用のビルが増え、町内会の構成は、数世帯の居住者世帯と20数社の繊維業関係の会社へと様変わりした。そんな中、1998年に135戸の分譲マンションが建設された。町内会と事業者との交渉で、既存の町内会への加入が決まり、マンション管理組合の代表者が町内会の副会長となった。

　また町内では、園芸クラブや茶道クラブなどの趣味のサークルを作り、定期的に開催することでマンション居住者との交流のきっかけをつくった。その成果もあってか数十年間、子供がおらず簡易化した地蔵盆は、マンションに住む子供が増えて復活するなど、町内活動が活発になった。一方で、マンションからの参加者は常時3分の1程度のため、町内会では、町内行事へ参加する人としない人の不公平を避けるために、マンション居住者の町会費を戸建のほぼ半額に設定した。マンションの居住者からは、町内行事の参加毎に別途参加費を集めている。現在では、地蔵盆の運営は子育て層のマンション居住者が中心となっているなど、町内の役員会とは別に、町内行事の企画運営を行うマンション居住者も含めた町内有志のグループがつくられ町内活動を支えている。

　なおK町は祇園祭の山鉾町の1つで、町内会とは別に保存会を組織化している。保存会では、山鉾巡行に関わる町内の運営を行い、山鉾やその懸装品、町会所などの財産を保有管理する。この歴史的な祭礼の継承と財産の保有や維持管理があることで、見ず知らずの転入者を容易には受け入れられない反面、常に維持継承者が求められるという一見背反する課題を抱えていた。そこで町内会運営の工夫と平行して、保存会ではマンション管理組合の代表者は議決権を伴う保存会の会員となった。その他のマンション居住者は、希望すれば議決権を伴わないが祇園祭の参加権を持つ友の会という有志組織に入り、さらに希望すれば保存会の評議を経たのちに保存会の会員になれる仕組みをつくった。実際に友の会にはマンション居住世帯の約4割が参加して、粽の販売や山建てな

どの手伝いを行い、そのうち祇園祭の巡行時の参列や運営役等のサポートを経験した4名が保存会の会員になっている。

またこの町内会や保存会での活動を通じて、マンション居住者と地元住民とのコミュニティ形成だけでなく、マンション居住者同士の関係も深まり、マンション内のコミュニティも形成されてきた。現在、このマンションでは大規模修繕工事がはじまっている。その検討に際して、地域行事への参加が縁でつながったマンション居住者達が集まり、輪番制の管理組合をフォローする有志の検討組織を立ち上げるなど、地域でのコミュニティ形成がマンションの管理運営の向上にもつながっている。

5.2 元学区の事例

1) 地域文化を活かした住民交流：城巽学区

城巽学区は、地場産業であった染色関係の事業所が閉鎖していく中で、その跡地のマンション化が進んでいき、表-1、2にあるように元学区全世帯の75.5％がマンションの居住世帯となっている。そこで城巽学区では、2001年に有志を募り自治連合会の各種団体の1つとして、元学区内のまちづくりを行う城巽五彩の会を設立し、自治連合会の他団体と連携しながらマンションの実態調査や交流イベントの企画運営など行っている。

マンションの実態調査では、町内会長へのアンケートから町内会とマンション居住者とのお付き合いの実態把握を行った。これにより今までは各町内の判断に任せ、実態がつかめていなかった町内会への未加入マンションや、加入しているが実際のお付き合いがないマンションなどの実態が元学区で集約され共有された。先述した見做しマンション町内会の対応などはこうした実態調査を受けて自治連合会がフォローした結果でもある。また地蔵盆は町内の習俗祭礼行事であるとともに、子供が楽しめる親睦行事でもある。この調査の中で、内会への未加入マンションやお付き合いの実態が乏しい町内では地蔵盆に参加できないマンションの子供達が多くいることも分かった。そこで、その子供達も参加できるように地蔵盆を元学区の行事として毎年開催することになった。他にも、2010年に元学区内の中学校の跡地に音楽高校が移転してくることにちなんだ、音楽フェスティバルの開催や、まちの昔の写真を集めた展示会など、老

若男女を問わず誰もが地域で楽しめる交流イベントも開催している。なお現在、元学区の魅力やコミュニティ運営の仕組みや活動の認知度を高めるために、元学区のPRパンフレットの作成に取組んでいる。

2) 地域資源を活かした住民交流：本能学区

本能学区は、友禅染め関係の事業所が多く建ち並んでいたが、次第に駐車場やマンションへと変貌し、表-1、2にあるように元学区全世帯の77.7％をマンション住民が占めている。そこで、1999年に自治連合会の直属のまちづくりを担う委員会として、町内会と各種団体の代表者、学区内外の有志で、まちづくり委員会が結成された。この組織を中心に自治連合会や他団体と協力して、地域の活性化やマンション居住者との交流を行っている。

城巽学区と同じくマンションの実態調査も行っており、既に元学区の取組や特徴を伝えるPR冊子に加え、広報誌やHP等も作成している。また通常の元学区行事の交流に加えて、染や職人のまちという地域の特長を活かして、染色関係などの実演披露や工房見学のツアーなども行っている。これらの行事にはマンションからの参加者も多く、転入者が元学区の魅力や特長を知る良い機会となっている。

なお、これらの活動を支えた背景には、まちづくり委員会の地道なヴィジョンづくりの取組があった。学区の持つ魅力や課題を再認識するために、まち歩きや実態調査を重ねて学区民が共有する思いやルールをヴィジョンとして形にしていき先述したPR冊子に反映されている。またこの内容は、都市計画法に基づく地区計画の方針の中にも盛り込まれ、京都市で条例化されている。

3) マンション居住者の参加から参画への模索：明倫学区

明倫学区は、呉服・繊維関係の商社が多く建ち並んでいたが、繊維産業の不振が続く中で、バブル期は相続税対策のための小規模マンション、バブル後は倒産する問屋ビルの跡地利用での中規模マンションが建設され、表-1、2にあるように元学区全世帯の80.5％をマンション住民が占めている。そこで平成13年には、自治連合会の中に各種団体と町内会の代表者、有志のメンバーでまちづくり委員会を結成し、マンションとの共生に向けた取組を行っている。

城巽学区や本能学区と同様に、町内会長やマンション居住者へのアンケートなどで実態把握を行っているほか、通常の元学区行事に加えて、元学区の歴史や暮らしを学ぶ座談会や文化祭の開催などの住民交流の取組を積極的に進めてきた。また本能学区と同様に地区計画によるまちづくりヴィジョンの条例化やその際に作成したＰＲ冊子、広報誌やHP等も作成している。

　この一連の取組の結果、まずは地元の中で地域コミュニティにマンションを受け入れるという雰囲気が醸成され、その後、徐々に地域行事へのマンションからの参加者が増えてきた。2009年のマンション居住者も含めた防災訓練では、独立マンション町内会がないにも関わらず、元学区内の全分譲マンションから150名を超える参加者が集まった。しかし、交流行事の参加者が増える一方で、それはあくまでお客さんとしての参加に留まっていた。実際の準備作業は昔と変わらず少数の既存の役員が行うという状況が継続していた。そのため当初はマンションからの参加者の増加に手ごたえを感じていたものの、次第に積極的に交流の取組を行えば行うほど、活動を支える地元の役員層の失望や不満も高まっていった。そこで、2009年からは単なるマンション居住者との住民交流だけではなく、マンション居住者も参画した地域コミュニティの運営をつながるようにと、地元の問題意識が高まってきた。現在は、分譲マンションの管理組合の理事を対象にヒアリングや意見交換会を進めており、防犯や防災、福祉面などで実際の連携上のニーズや課題を共有していくプロセスの中で、少しずつお互いの連携の必要性が共有されつつある。

5.3　小　括

　町内の事例では、既存の町内会にマンションが加入したH学区R町の事例から、町内会運営がマンション居住者からの理解を得られない場合、離脱もありえるという可能性を示した。また既存の町内会が解散しマンション町内会への統合が生じたD学区H町の事例からは、既存の町内会が独自路線を選択した結果、長期展望に立つと実は既存町内会の住民自身がコミュニティから切り離されるリスクを抱えていることが浮かび上がる。これらのリスクを回避する工夫として、J学区T町では、お互いの信頼関係が生まれるまでの経過措置として、転入者に対して5年間の役員就任猶予期間を設ける工夫を報告した。また町内

会だけでなく財産組織も有するM学区K町では、有志参加の緩衝組織を設けることでお互いの信頼関係を築く工夫を報告した。さらにこの両事例ともマンション居住者が地域行事へ関わりやすい様々な工夫をしており、町内会への加入形態によって規定される形式的な関係づくりの工夫と、交流を通じた実質的な関係づくりの2つのアプローチが相互補完的な関係にあることがわかる。さらにM学区K町からは地域行事への参加がマンション内のコミュニティ形成にも役立っていることがわかる。

元学区の3つの事例では、共通する3つのポイントが浮かび上がる。1つ目は、交流や連携に向けた地元住民の認識を深めるためにマンション実態把握が大切なことを指摘した。2つ目は現行の小学校区ではない元学区という認知されにくい認知度を高めるための取組として、ＨＰや広報誌、ＰＲ冊子等のメディアが重要であることを指摘した。3つ目は、通常の元学区行事に加えて、マンション居住者と既存の住民との距離感を縮める上で、地域の歴史文化や地域産業などに根ざした交流が大切なことを指摘した。一方で、明倫学区の事例で指摘したように、交流を促進している地域であればあるほど、地域行事等への参加が増えるものの、その準備等も含めた実際の地域コミュニティの担い手としての参画にはなかなか結びついていないことが課題として浮かび上がってきた。ここには参加と参画との間の大きな隔たりがある。それを埋める1つの方法は、交流を通じて時間の経過とともに関係を深めていくことであるが、現在、明倫学区で模索されつつあるように、もう1つの方法として、何のための交流や連携であるかを両者の間で明確にしていくプロセスを経て、マンション居住者が単なる地域行事等への参加から地域コミュニティの運営への参画につながっていくような仕掛けづくりの可能性が見えてきた。

6　結　論

地域コミュニティの担い手が不足し、地域運営ができなくなった結果おこりうる地域のスラム化のリスク。マンション内コミュニティが形成されず、適正なマンション管理運営ができなくなった結果起こりうるマンションのスラム化のリスク。マンション居住者が地域コミュニティの運営に参画することで地域

コミュニティの再生がはかられ、地域での交流がマンション内コミュニティの形成の一助となる好循環が実現すれば、論理的あるいは長期展望では、両者のリスク回避へとつながっていく。この好循環はそれに付随する自治組織の地域代表性の喪失および地域コミュニティの衰退、さらにローカルガバナンスや地域共同管理の脆弱性の解消にもつながる。

　しかし、実際には、4章で指摘したように既存町内会が自治連合会への依存を深めている。また、すでに活動が停滞している一部の自治連合会では、現行の小学校区にある学校運営協議会などのような元学区間の連合体への再編を希望するところもあり、既存のコミュニティの枠組みでは対応が難しくなりつつあることは否めない。実際に取りうる手段としては、そのようなより広域のコミュニティ構築や必ずしも地域コミュニティにとらわれずに展開されるNPOや企業体との連携などによる代替的なコミュニティを構築することによって、今後の地域運営を乗り切っていく可能性もある。また注4で指摘したように、2008年に出された社会資本整備審議会答申では、このリスク回避に対して国及び地方公共団体の関与が必要性を指摘しており、京都市でもマンションや地域コミュニティに対しての側面支援が行われつつある[14]。

　ただし、町内会の弱体化や自治連合会の弱体化を持って、広域化や代替化によるコミュニティの構築や公的団体による側面支援の強化への議論のシフトは早急かもしれない。なぜなら新たに生まれた組織の活動は活発となる可能性も秘めているが、その運営主体との距離感が増すことによって、既存の地域コミュニティのサポート・ネットワークから切り離されたマンション居住者や、マンション町内会の独立の裏に取り残された既存コミュニティの住民の状況は、より見えざる存在となる危険性も秘めている。

　つまり、広域化や代替化によるコミュニティ構築や公的団体による側面支援の強化がなされても、マンションも含めた地域コミュニティが好循環していく仕組みづくりの基盤として欠かせないのは、当事者であるマンション居住者と既存コミュニティの住民による交流と連携の中で模索されていく、不断の相互了解のプロセスにある。5章で指摘した工夫がその一助となることを期待する。

【注】
1 社会資本整備審議会答申(2008)による。
2 国土交通省ウェブサイトの資料より。(アクセス日：2009年11月23日)http://www.mlit.go.jp/jutakukentiku/house/torikumi/tenpu/H20stock.pdf
3 コミュニティ形成は、日常的なトラブルの未然防止や大規模修繕工事等の円滑な実施などに資するものであることから、管理組合の業務として、「地域コミュニティにも配慮した居住者間のコミュニティ形成(単棟型第32条第15号等)」を規定している。
4 前掲の社会資本整備審議会答申(2008)では、「マンションは、国民の約1割が居住する重要かつ普遍的な居住形態となっており、その適切な維持管理・再生が行われないと、マンションの居住者のみならず、周辺の居住環境やコミュニティにも悪影響を及ぼす懸念がある。こうした外部性の問題を解決するためには、国及び地方公共団体の関与が必要である」と言及している。
5 社会学的見解における都市化がもたらすコミュニティの変容(親族・地縁・友人等の紐帯のあり方)について、松本康(2006)は、「コミュニティ衰退」論、「コミュニティ存続」論、「コミュニティ変容」論の3つに分類している。この見解を、都心部を中心としたマンション増加地域に当てはめると、地域では高齢化等による担い手の減少を抱えながらも地元住民のコミュニティ運営はなおも存続している。一方でマンション居住者を中心とした新規転入者層の生活スタイルとして、必ずしも地域との交流や連携にとらわれないコミュニティの変容が見られる。総じてマンション居住者等の新規転入者が多く、新旧住民間の交流や連携が乏しい地域ではコミュニティは衰退に向かいつつあるといえる。
6 中田實(2000:p18-19)は世界の住民組織を比較するために、住民自治の国際的に普遍的な性格の解明と客観的に確定できるパラメーター(媒介変数)として、①一定区画を排他的に占有している「地域区画性：空間性」、②地域住民に共通する地域の諸問題の処理に当たっている「地域共同管理性：機能性」、以上のことより③当該地域と住民を代表することを住民および行政によって認められている「地域代表性：関係性」の3つを挙げている。
7 本稿で分析対象とするエリアの都心部とは、東は河原町通、西は堀川通、南は五条通、北は御池通に囲まれた地区のことを指し、このエリアに面する元学区は中京区と下京区で17元学区ある。これらの元学区では、後述の表1で示すとおりマンション居住者割合が多い。
8 町内や元学区の特徴の詳細については、田中志敬(2005a 、2007a 、2008、2009b)を参照。
9 地域コミュニティとしての自治の実体がある町内や元学区(学区)の数は正確には把握されていない。町内数は「住居表示に関する法律」に基づく京都市の「京都市区の所管区域条例」の公称町数による。また元学区(学区)は地域づくり推進課へのヒアリングによると、京都市に合併した京北町を除くと221学区で、市政協力委員の数としては京北町を1つの元学区と換算して222学区、京北町に含まれる黒田、山国、弓削、周山、宇津、細野の6つの地区をそれぞれ元学区とみなすと227学区になる。ちなみに概ね元学区で構成されている国勢統計区の数は225地区となる。また町内会は自治会と

呼ばれることもあり、自治連合会は住民福祉協議会や連絡協議会などと呼ばれることもあるが、事例とする都心部では町内会と自治連合会が多いため、特に断りがない限り本稿では、これらを総称して町内会と自治連合会と呼ぶ。
10　京都市都市計画局, 2008『平成19年度分譲マンション実態調査報告書』より。
11　この調査は2005年に京都市景観・まちづくりセンターのマンション専門家委員のメンバーで行った、中京区全23学区の自治連合会（一地域は自治連合会がないため、市政協力委員連絡協議会）の会長への聞き取り調査である。本稿では都心部の調査データをもちいているが、中京区全学区の結果概要については、田中志敬(2005 b、2007b)を参照。
12　2009年10月に大阪市研究会（代表：鰺坂学）で行った中央区役所と北区役所の地域振興会担当職員へのヒアリングによる。
13　各事例は筆者のヒアリングと参与観察による。なお京都市内の他の地域コミュニティも含むマンション共生の取組事例については、田中志敬[取材編集](2008)を参照。
14　都心部のマンション増加をめぐる京都市行政の対応については、田中志敬(2009a)を参照。

【引用文献】

京都市都市計画局, 2008『平成19年度分譲マンション実態調査報告書』
松本康, 2006「都市化とコミュニティの変容」似田貝香門監修『地域社会学の視座と方法』東信堂
中田実編, 2000,『世界の住民組織――アジアと欧米の国際比較』自治体研究社
中田実・板倉達文・黒田由彦編, 1998,『地域共同管理の現在』東信堂
社会資本整備審議会答申, 2008『分譲マンションストック500万戸時代に対応したマンション政策のあり方について』
田中志敬, 2005a,「地域コミュニティ」京都市景観まちづくりセンター『マンションと地域コミュニティ』(H16年度　専門家セミナー調査報告書)
――, 2005b,「マンション住民と既存社会の関係構築に関する実態調査」京都市景観まちづくりセンター『マンションと地域コミュニティ』(H16年度 専門家セミナー調査報告書)
――, 2007a,「京都市都心の自治組織の特性」京都市景観まちづくりセンター『マンションと地域コミュニティ』(H16・18年度　専門家セミナー調査報告書)
――, 2007b,「地域社会からのマンションへのアプローチ」京都市景観まちづくりセンター『マンションと地域コミュニティ』(H16・18年度　専門家セミナー調査報告書)
――, 2008「京都の地域コミュニティと地域運営アソシエーション」鰺坂学・小松秀雄編『京都の「まち」の社会学』世界思想社
――, 2009a「京都市行政の対応と課題――都心部のマンション増加をめぐる対応を事例として」『佛教大学総合研究所紀要　第16号』佛教大学総合研究所
――, 2009b「住民自治組織とまちづくり(3章)」リムボン・まちづくり研究会編『まちづくりコーディネーター』学芸出版社
田中志敬(取材・編集), 2008,『おつきあいのコトハジメ――地域社会でのマンションとの良好なコミュニティづくりの事例集』京都市景観まちづくりセンター.

Community management in the Condominium increase region
(A case study of a community in Central Districts of Kyoto City)

TANAKA, Yukitaka

Abstract

The Condominium stock keeps increasing by centering on the central area of Japan. Two risks exist in a regional community. One is a risk of making of the region a slum. Another is a risk of making of the Condominium a slum. If the Condominium resident can participate in the management of a regional community, this problem is solved. As a result, the reproduction of a regional community advances. Moreover, when the exchange in the region advances, the community in the Condominium is formed. If this virtuous circle is achieved, the risk of both is evaded. In this research, it reports on a community in Central Districts of Kyoto City and it reports on the case. And, the problem in the regional community management is pointed out.

自由投稿論文

本論文は複数のレフェリーによる査読を受けたものです。

都市開発における地縁型団体と自治体の政策転換との関係に関する実証的研究
―大阪市「生野区南部地区整備事業」の事例をとおして―

An Empirical Study of the Relationship between Residence Groups and the Policy Switch of a Municipality in the Urban Development
— A Case Study of "South Ikuno District Project" in Osaka City —

神戸大学非常勤講師　松本　裕彦
MATSUMOTO, Hirohiko

要　約

　大阪市は、生野区南部地区を住宅密集市街地整備の先導的役割を果たすモデル事業として指定し、公共施設の確保や建築物の不燃化を促進するなど地区全体の防災性の向上を推進することを目指している。

　事業手法としては、「住宅市街地総合整備事業」や「住宅地区改良事業」を中心に、多様な事業手法を複合的に合併施行することとしており、具体的な事業内容については地縁型団体と協働して推進している。

　しかし、行政と地縁型団体との協働の過程は、多くの地元住民がそれぞれの事業に複雑な利害関係を持っているために平坦なものではなかった。

　本研究では、「生野区南部地区整備事業」の事例をとおして、当地区において地縁型団体が果たした実態をふまえて、都市開発における地縁型団体と自治体の政策転換との関係について考察する。

　本事例についての実証的研究から、地縁型団体は否定的な存在ではなく、住民の活動状況に応じて流動的に発展する存在であること、また、行政の側にも都市開発における住民への柔軟な対応の必要性を認識し、従来の政策を転換する姿勢が認められた。

　考察の結果、まちづくりにおいて当地区の地縁型団体が試行錯誤を繰り返す過程で、画期的な成果を生み出したことが明らかになり、他地区の先進事例とは異なった形で、共同管理の主体に発展していることが示された。

キーワード：町内会、コミュニティ、まちづくり、地域共同管理

はじめに

　本研究は、大阪市が1994(H6)年から生野区南部に位置する一定区域内において展開している「生野区南部地区整備事業」(以下、「生野南部事業」)を事例に、事業を進めるために結成された「まちづくり協議会」(以下、「まち協」)の動向に焦点を当て、住民と行政の協働のあり方がどのように変容したのか、協働の過程で行政がいかにして政策転換を図ったのか、そして地縁型団体がどのような共同管理主体へと成長したのかについて考察する。

　生野区は大阪市の東部に位置し、西側が大阪環状線、北側が近鉄奈良線に接する平坦な地で形成され、区内人口は1965(S40)年の約23万5000人をピークに1995年の約14万9000人へと減少の一途をたどっている。研究事例として取り上げる生野区南部地区(以下、「南部地区」)は、戦前に市街化され、小規模な敷地が大半を占め、戦前長屋等の老朽木造住宅が密集し、都市計画道路・公園等の都市基盤施設及びオープンスペースの不足や生活道路等の未整備により、防災や住環境面など住宅密集市街地として多くの課題を抱えている。当地区の整備は、大阪市が住宅密集市街地整備の先導的役割を果たすモデル事業に位置づけ、各種事業手法を適用して、古くからのコミュニティを生かしつつ居住環境と生活利便性の向上を図り、活気あるまちに再生することを目指し、地縁型団体との協働により推進しているものである[1]。

1　町内会とコミュニティの評価をめぐって

　事例研究に入る前に、地縁型団体についての基本概念の整理及び存在意義をめぐる評価について概観しておきたい。地縁型団体とは、主として町内会・自治会(以下、「町内会」)と呼ばれる組織のことであり、大阪市では地域振興町会(以下、「町会」)、連合組織は「連合振興町会」(以下、「連合町会」)を指している。

　町内会の定義は、地方公共団体の区域内にあって、「原則として一定の地域的区域において、そこで居住ないし営業するすべての世帯と事業所を組織することを目指し、その地域的区画内に生ずるさまざまな(共同の)問題に対処することをとおして、地域を代表しつつ、地域の(共同)管理に当たる住民自治組織」

である(山崎2003:64)。

町内会の存在意義についての評価は、第1に、地域共同体的性格をもって行政機関の末端組織として住民を抑圧する前近代的組織として否定する見解[2]、第2に、日本の文化の形態とする見解[3]、第3に、各種機能に注目する見解[4]、第4に、「町内会の評価にあたって必要なことは、この組織の全面否定でも肯定でもなく、その止揚である」という見解を挙げることができる(山崎1999:33)。

山崎は、中田の研究に依拠しつつ、第1の見解を「前近代的集団説」とする「否定論」、第2と第3の見解を「特殊日本的集団説」「生活機能集団説」とする「肯定論」、第4の見解を「地域共同管理主体説」とする「止揚論」として描き、「止揚論」の内実は、「組織機能の内容的発展をめざすとともに、国家、自治体との対立・共同の関係をふまえて行われる地域の住民主体形成(地域共同管理)の基盤として町内会をとらえていくもの」と指摘している[5](山崎1996:40-42)。山崎は、町内会とコミュニティとの関係について、町内会やコミュニティを否定するのではなく、両者は「おおむね小学校区を基本範域として取り組まれるコミュニティ活動とその基礎組織としての町内会活動は車の両輪」であり、「今日の地域社会は、町内会・自治会、コミュニティによる地域の共同管理という公共的役割に参加する住民の取り組みの程度(地域共同管理の水準)に規定されて発展」し、「それらの組織は、その活動を通してまちづくりへの住民参加を強化する実体的保障であることを評価すべきである」と主張している(山崎2003:89-92)。

本研究では「地域共同管理」を「地縁型団体等が住民の共同により、自主的および主体的に、自ら住む地域を日常的に維持管理していく営み」という概念で使用し、後述の事例研究で都市開発における地縁型団体と自治体の政策転換との関係を考察することにより、地縁型団体が地域の「共同管理」の主体として発展する可能性を明らかにし、「止揚論」の妥当性を示したい。

2 大阪市の地域振興政策

本章では、大阪市における町内会とコミュニティに係る施策を考察し、次章の事例研究で取り上げるまち協の取り組みを評価するための基本認識としたい。

2.1 大阪市の町内会の形成過程と実態

　戦後大阪市の町内会組織の系譜には2つの大きな画期がある。1つは、1947(S22)年のポツダム政令に基づく町内会解散時に全市規模での日赤奉仕団組織が代行し、その後行政レベルでは日赤奉仕団、地元レベルでは町会という二枚看板が長期にわたって続いた。もう1つは、1970年代に入ってのコミュニティ行政の全国的機運を受けて大阪市地域振興会(以下、「振興会」)が発足した。振興会は、「コミュニティづくり」、「行政協力」、「日赤協力」を活動の3本柱に掲げ、区―小学校通学区域―町―班の各レベルに対応して編成されている。区レベルの仕事としては、市、区行政への全般的協力、各種行政下位団体の連絡調整、補助金の配分窓口、地区センターの管理・運営への参画等がある。また、法人格をもつ「コミュニティ協会」が新設され、振興会と連合町会、単位町会との媒介的、潤滑油的役割を果たしている(奥田1983：250-251)。

　行政から地域活動への支援については、大阪市は振興会と事業委託契約を結び、回覧板、ポスター掲示などの事業を委託してきたが、2006年度より委託をとりやめ補助金化して、地域コミュニティの活性化を推進している。また、大阪市から振興会への依頼事項は、すべて連合会長への依頼事項となっている[6]。

　このような振興会の取り組みが進む中で、地域のさまざまな問題の「行政への要望の仕方について」の町内会長の意見(1981年)は、「あまり騒ぎ立てず、役員に交渉をまかす」が第1位で68％を占め、「住民みんなの力を使って実現させる」(13％)を大きく上回っているように(奥田1983：252-253)、行政の下請的役割を果たしていることから生じる消極的肯定の評価が見てとれる。他方、「地元議員の選挙にさいして、町会が実質上の推薦母体として機能している点は、否定できない」(奥田1983：262)との指摘に見られるように、振興会の地元候補への関与は、地域住民に振興会を否定的に受けとめる傾向を助長した。しかし近年は、振興会活動の民主化に向けての取り組みも進められつつある[7]。

　そうだとすれば、地縁型団体としての振興会が民主化を進めて評価を高め、地域の「共同管理」の主体として成長する可能性について、事例をとおして探求することは意義があると思われる。

2.2 大阪市のコミュニティ施策における振興会の位置づけ

　大阪市のコミュニティ施策は、1973年に、総務局に市民部振興課、各区役所に区民室を設置し本格的なコミュニティづくりが始まり、75年に振興会が発足、90年策定の「大阪市総合計画21」では、都市型コミュニティの形成とボランティア活動の振興策を提案、95年策定の「総合計画21推進のための中期指針」では、区役所のシビックセンター化や小学校区レベルのコミュニティ活動の重要性を提起、97年には、大阪市まちづくり活動支援制度発足、という過程で展開されてきた。大阪市は地域コミュニティづくりを側面から支援するため、①活動拠点となる各種区民施設の整備、②コミュニティリーダーの養成、③コミュニティ意識の啓発・普及、などの施策を推進している。また、振興会については、「全市レベルの住民組織である振興会が、地域におけるコミュニティづくりをはじめ、地域福祉の増進など、地域活動の要として重要な役割を果たしてきた」と評価し、「市民にとって地域活動に参加するための最も身近な場であり、地域ニーズを自主的に解決する役割とともに、行政と協働しながら公共的サービスを補完代行するなど重要な役割を担っている」から、「振興会の活動を支援することによって地域振興を図ってきた」と説明している。

　図-1は、小学校区におけるコミュニティ関連団体の状況を示したものである。大阪市は、「地域コミュニティ」として位置づけた組織として、振興会、地域女性団体協議会、大阪市コミュニティ協会の3つを挙げ、地域活動団体の全体像

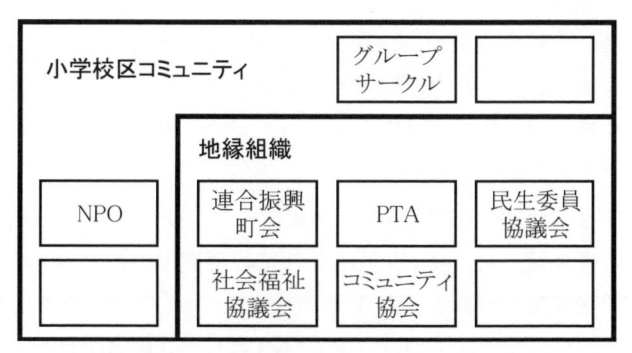

出所）市民局「地域振興事業分析報告書」（2007.3）より作成
図-1　小学校区におけるコミュニティ関連団体の状況

としては、その3団体を含めて、社会福祉協議会やPTA協議会など44団体を挙げている。各組織は、区及び地域（概ね連合）レベルに下部組織が結成されている[8]。また、振興会の最近の組織実態については、生野区における加入率は約76%（H21.1.1現在）で市全体の平均を上回っているが、その推移をみれば、平成6年の約85%から減少が続いている[9]。

このように、大阪市のコミュニティ施策の中で重要な役割を担う組織として位置づけられている振興会が、大阪市が進める都市開発においてどのような役割を果たすことができるのかについて、事例研究をとおして考察したい。

3 事例研究：生野区南部地区整備事業
3.1 南部地区の概況と事業の概要

当地区は生野区の南部に位置し、JR大阪環状線の寺田町駅・桃谷駅・鶴橋駅に近接する戦前長屋住宅が密集した低層住宅地域で、家内工業を中心とした中小零細業者の集中した典型的な下町である。住宅については、築50年を超えるような老朽木造住宅が多く存在し、住宅戸数約8,700戸のうち老朽木造住宅戸数は約6,500戸で、老朽化率は70%を超える高い割合を示している。地区の東側は戦前の区画整理事業により道路幅員が比較的確保されているが、西側、特に住宅地区改良事業の区域については4mに満たない狭あい道路や、行き止まり道路が多い。狭くて迷路となった生活道路は緊急車両の往来が困難であり、防災上危険な地域が広範囲に存在し、公園・緑地のオープンスペースも不足している。当地区内にある長い商店街は、往年の活気を徐々に失ってきている。大阪市は、当地区が防災面や住環境面で抱えている多くの課題を解決するために、1995年にまちづくり基本構想をまとめ、安全で災害に強い活力あるまちづくりを目指す生野南部事業に取り組んでいる[10]。

事業としては、①住宅市街地整備総合支援事業、②密集市街地整備促進事業、③住宅地区改良事業、④大阪市民間老朽住宅建替支援事業、⑤大阪市優良賃貸住宅建設資金融資制度がある。表–1は、前記①、②、③の概要を示したものである。なお、改良事業地区の現況(2002.5付)は、不良住宅戸数754戸（不良住宅率82.6%）、住宅密度155.9戸/ha、人口1,776人（世帯数747世帯）となっている。

表-1　生野区南部地区整備事業の概要

事業名	住宅市街地整備総合支援事業	密集住宅市街地整備促進事業	住宅地区改良事業
承認日	大臣承認 　平成7年2月20日	大臣承認 　平成7年3月27日	地区指定 　平成10年7月15日 事業計画認可 　平成10年8月26日
面積	98.5ヘクタール	95.3ヘクタール	6.15ヘクタール
整備目的	・従前居住者賃貸住宅 ・都市計画道路の整備 ・都市計画公園の整備 ・生活道路の整備	・まちかど広場の整備 　(地区内15ヵ所程度) ・狭あい道路拡幅整備 ・建替促進事業	・面的整備による住宅建設と公共施設整備 ・約750戸建設予定

出所）大阪市住宅局生野南部事務所の資料（2002.5）より作成

3.2　まち協の設立過程と取り組み概要

　大阪市は、生野南部事業が複雑な手法を用いた長期にわたるものであるため、地元組織の協力を得た形で事業推進を図るべきだと判断し、事業に関係する振興会の幹部と協議を重ね、まちづくり協議会設立準備委員会(以下、「準備委員会」)を経て、1994年7月に事業推進のための地域組織として、まち協が結成された。まち協は連合振興町会の会長及び振興町会の代表者等で委員が構成され、会長は構成員の互選、会長の指名で副会長2名、会計2名、書記2名、常任委員若干名を選出し、区長と区振興会会長の2人が相談役、市・府会議員の7名が顧問に就任するなど、総勢86名の体制となっている。運営資金については、大阪市からの助成金と、2003年度からは、国の改良地区に関わるまちづくり協議会の補助金で運営されている。

　まち協としての基本的活動である会議としては、総会と常任委員会、特別の場合の臨時総会がある。総会は委員全員の参加により年間1回～2回、常任委員会は会長、副会長、会計、会計監事、書記、常任委員をもって構成し、年間2回～3回開催される[11]。まち協は、定期的な会議のほか、ニュースの発行、先進開発地区の見学、フォーラムや講演会の開催など多彩な活動を展開している。

3.3　まち協設立段階での問題と住民運動の展開

　まち協の体制は従来の振興会幹部の指名で発足し、地元住民の推薦や互選で構成されたものではないため、まち協の設立準備段階から地元住民、特に住宅

地区改良事業に関係する住民(以下、「改良関係住民」)を中心に、大阪市や準備委員会に対して不満や疑問が出され、文書による申し入れ等の行動が展開された。問題の発端は以下のとおりである。

1994(H6)年1月4日の新聞報道で大阪市の生野南部事業の計画を初めて知った当該地区住民は、大阪市や連合町会役員に事情説明を求めたが納得のいく回答が得られなかったため、同年4月、地域の住民や団体によって「住みよい生野区南部地域をつくる住民の会」(以下、「住民の会」)が結成された[12]。

住民の会は、南部地区の住民を対象にして、「安全な街づくり」「誰もが住み続けられる街づくり」「住民参加の街づくり」を目標に、学習会や調査活動、市会への陳情、市当局やまち協への申し入れ、住民への啓蒙活動等の取り組みを開始した。大阪市への情報公開請求の取り組みの中で、大阪市が前年5月に地元議員団への密集市街地現状説明を行い、12月には同議員団や事業対象地域の町会長への事業内容説明をしていたことが明らかとなった。住民の会は住民の声が当該事業に反映できるように、まち協の設立総会において改良関係住民等の傍聴参加を認めるよう大阪市と準備委員会に要請した。それまで地域有力者との間でまち協の設立を進めていた大阪市は、従来の一部役員による運営方式(行政主導の「住民参加」と言えるもの)の転換を迫る要請に苦慮したが、まち協設立総会の当日になって傍聴参加を認める判断を下した。その後、まち協と大阪市が1995(H7)年3月に開催した説明会において、住民からの質問に大阪市が充分な説明ができず、傍聴者として参加した住民の会の会員(借地・借家問題の専門家)がわかりやすい解説を行うという出来事もあった[13]。

以上から、第1に、まち協の当初の形態は、振興会役員を中心とする行政主導型の「住民参加」であり[14]、第2に、住民の会の要請に対して大阪市やまち協が、従来のやり方を転換して改良関係住民等の傍聴を認める柔軟な対応を示したことにより、一般住民の声がまちづくりに反映される住民主導型の「住民参加」の萌芽が生まれたことが明らかになったと思われる。

3.4　生野東地区部会の設置過程と活動内容

1996年、大阪市から面的整備予定地区(住宅地区改良法の適用予定地域)がまち協へ提案された。当地区は、居住における複雑な権利関係から、住民の意思

が反映されにくい地域であった。改良地区事業は整備事業全体の中でも、対象人数の多さ、借地・借家人の権利関係の複雑さ、老朽家屋除却に伴う住民の不安の大きさ、住民と行政との十分な対話の必要性及び国への手続きや予算の確保の困難性等により、地元協議の初期段階で相互不信に陥るようなことになれば事業がストップしかねない問題を孕む事業と言える。

　実は、生野南部事業が新聞報道される前年の5月頃から、住宅地区改良の対象地域において地上げ屋が動き出し、94年4月以降は悪質な脅迫事件が多発する緊迫した事態となった。改良関係住民は団結して地上げ屋の強制的な追い立てと闘い、南部地区住民・警察・裁判所・市会・市労組・マスコミなど幅広い組織を巻き込み、長期にわたる粘り強い運動で地上げ屋の逮捕及び立ち退き強要にストップをかける大阪地裁仮処分の決定を勝ち取った。不当な地上げ屋との闘いの過程で、改良関係住民は大阪市の対応やまち協の進め方に不信や不安を抱くようになっていった（高野1995）。

　1996年4月9日から4日間、大阪市から古い木造住宅の建替・整備（面的整備）についての説明会が開催され、住民から「住んでいる者の声をもっと反映させるべきだ」との意見が多く出され、住民の会は、改良関係住民の不安の解消や要望実現のために、まち協の組織内に専門部会を設置することをまち協と大阪市に要望した。その結果、同年7月8日、まち協の中に「生野東地区部会」（以下、「東部会」）が設置され、十分にこの問題を検討することになった。東部会は、当該地域が改良地区に指定される前から、住民の会からの提案も参考にしつつ、住宅地区改良法の学習会、適用対象地区の実態を明らかにするための情報公開や独自の実態調査等を行い、大阪市の事業計画策定に反映する活動を展開した。また、改良地区指定に先立ち地区の線引き問題が生じた際に、東部会として"線引きを確定する前提として、今後の改良地区計画については住民の意見をふまえた東部会の決定を尊重する"ことを約束させるために、「生野東地区の面的整備（住宅地区改良事業）に関する問題については東部会を窓口に協議する」との申し入れを、まち協を通して大阪市に行った。その結果、大阪市から「ご要望の通り対応させて頂きたい」との市長名の回答文書が出された[15]。

　東部会の規約は、部会員は地域住民の意向が反映できるように住民間の自薦他薦による選出方法を採用するとともに、部会の運営は全面公開を原則として

会議の傍聴・発言を保障する内容となっている。会議の開催は、結成された1996年(平成8)年7月8日以降、1999年6月24日までの3年間に34回(年平均11.3回)、2004年9月14日までの8年3カ月間に65回(年平均7.9回)というペースで開催された。まち協の場合は、結成された1994(平成6)年7月27日以降、2009年10月までの15年3カ月間に17回の総会が開催され、まち協の取り組みを伝える「まちづくりニュース」の発行は第38号(年平均2.5回)となっている[16]。会議における参加住民との質疑応答を含む会議録は開催毎に書記が要旨をまとめ、「生野東地区部会報告」として改良関係住民全員に速やかに周知された。

東部会の住民の声を反映した取り組みの中で「住宅建設基本整備計画検討委員会」(以下、「検討委員会」)が設置され、大阪市から提案された当初のマスタープランが整備地域住民の要望を取り入れた内容に修正された。

以上から、面的整備に関係する全ての住民の声が東部会及びまち協を通して、大阪市へ反映されるルールが確立されたことが分かる。

図-2は、行政主導型(振興会役員中心の運営)で誕生したまち協が、住民の会の提案を受けて東部会を設置したことにより、住民主導型(一般住民も参加する運営)の組織へ変遷したことを示したものである。他方、住民の会は東部会設置後も組織を維持し、住民の要求を基礎にまちづくり提言を作成し、行政、

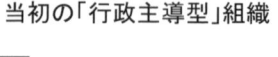

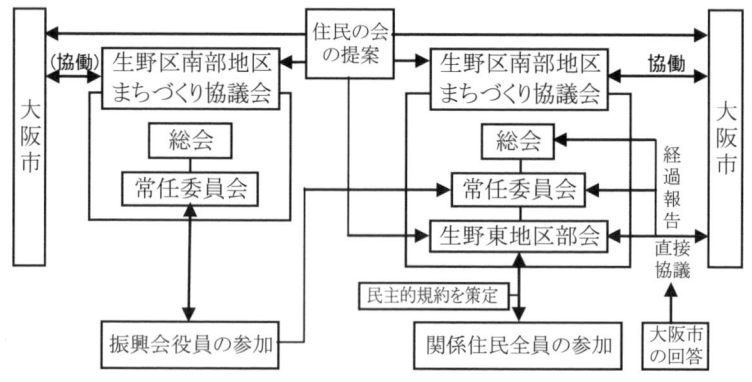

出所) 大阪市住宅局生野南部事務所「いくのなんぶ」H15.3を参考に筆者作成

図-2　生野区南部地区まちづくり協議会の組織の変遷

まち協及び東部会に対する意見反映を継続した。

3.5　東部会の取り組みと成果

　前項でみたように、東部会は改良関係住民の要求を実現するために質量ともに豊かな活動を行い、大阪市との間で具体的な問題について協議を重ねた。その結果、まち協の取り組みとしては、従来では考えられなかった成果をあげることに成功した。以下、その成果について、改良事業ゆえに可能であった内容、そして事業とは無関係に一般化しうる内容に分けてまとめたい。

　前者については、第1に、改良住宅の計画段階において改良関係住民の意見が反映され、実施設計に採用されたことである。東部会は改良関係住民の意見をふまえて、建物の全体配置、間取り、集会所・広場など広範囲にわたる要望を大阪市に提出し、協議の結果、要望事項の7割以上が採用された。第2に、改良関係住民が従前居住者用賃貸住宅(以下、「従前住宅」)に引き続き住むことができるようになったことである。当該住民と市との間でかわされた当初の覚書では、仮住まいとして従前住宅に仮移転(1回目の引越し)した後、新しく改良住宅が建設されれば、そこに本入居するために移住する(2回目の引越し)こととなっていた。しかし、改良住宅建設時期の大幅な遅れもあり従前住宅で新しいコミュニティの形成が進んだため、改良関係住民の中から「改良住宅の建設後も従前住宅に住み続けたい」との要望が出された。東部会はまち協を通して大阪市に要望を行い、大阪市も国との間で折衝を重ねた結果、その要望が日の目を見ることとなった[17]。第3に、従前住宅に新規の自治会や振興町会が誕生し、居住者のコミュニケーションの場として「100円の会」を発足させるなど創意あふれる組織運営により、地域に根ざした温かいコミュニティが形成された[18]。

　後者については、第1に、東部会の設置を契機として、大阪市がまちづくりの推進に係る「住民参加」の方式を、従来の「行政主導型」から「住民主導型」に政策転換したことであり、画期的な出来事と言える。東部会の住民の声を反映した取り組みにより事業が前に進むという結果をもたらし、行政側にとっても、従来のやり方よりもメリットがあるとの認識に至った[19]。第2に、東部会において、まち協役員と東部会役員、学識経験者、専門家及び行政の体制で検討委員会が結成され、1995年に出された「生野区南部地区基本構想」の見直しを行

なった。部会レベルとはいえ住民・専門家・行政の「三位一体」体制を実現したことは高く評価できる。第3に、仮移転先として位置づけられた「従前住宅」の建設の際に工事車両の被害を受けた経験から、まち協の中に「車両対策委員会」を設置することを要望して承認された。第4に、2001年3月18日に開催されたまち協主催・大阪市後援のシンポジウムに、まち協会長や学識経験者に混じって、住民の会の中心的な役割を果たしてきたF氏が、地元精通者・住民代表のパネラーとして出席したことである。行政やまち協に対して一貫して批判的な言動をとってきた人物を住民代表として招いた大阪市の対応は、従来では考えられない出来事と言える。第5に、2001年12月7日のまち協臨時総会において、「生野区南部地区まちづくり協定」(以下、「まちづくり協定」)が承認されたことである。同協定は「安全で安心して誰もが快適に暮らせる魅力あるまちづくりを達成するため、まちづくり基本協定を定める」とし、「老朽住宅の自主建替えの促進」、「狭あい道路の拡幅整備の積極的促進」及び「建築物等の意匠は周辺環境と調和に配慮する」等の行動指針を掲げ、住民の協力により狭あい道路の拡幅等の成果をあげている。同協定は、利益優先の民間デベロッパー等による乱開発から地区を守り、地域住民の定住につながるという意味で画期的な決定と言える。

3.6 まちかど広場部会の設置と成果

大阪市は老朽住宅密集市街地内での居住環境の向上やコミュニティ形成を目的とする身近なオープンスペースとして、まちかど広場の整備に取り組んだ。その具体化に際して、住民の意見を反映する組織として、まち協の中に「まちかど広場部会」(以下、「広場部会」)を設置することが、1998年7月23日の第6回まち協総会において承認された。部会員は各広場の近隣の住民によって構成され、どのような広場にするか意見を出し合う場として、大阪市では初めての「ワークショップ」という手法による作業が行われた。ワークショップには、子ども、女性及びお年寄を含む多くの関係住民の参加があり、大学の教員や設計事務所などの専門家の協力も得ながら、自ら模型を作成するなど、オリジナリティ豊かな公園づくりが展開され[20]、その手法は、その後の街路樹や歩道づくりにも採用された。

1999年3月にまちかど広場の第1号「俊徳道せせらぎ広場」が完成して以降、これまで6ヶ所のまちかど広場が完成した。使う人びと自らが広場のデザインを考え、リンゴのなる木やターザンロープ遊具など交流の仕掛けが工夫され、夏祭りや餅つき大会など住民の思いを込めた取り組みが展開されている。地元の一人一人が、さまざまな参加の場を通じて「我が街のオリジナル風景」を認識・発展しつつ、生野ならではのまちづくりが進んでいる[21]。また、広場完成後の日常的な管理・運営は地元の管理運営委員会に移され、地域におけるコミュニティの拠点として、子どもからお年寄りまで幅広い住民から愛着をもって使われている。

4　事例研究から見えてくるもの

本章では、前章の事例研究をふまえて、本論の目的である「地縁型団体が大阪市の政策転換と関連して、地域の『共同管理』の主体としてどのように発展したのか」について考察する。それに先立ち、「大阪市の都市開発における政策転換の実態」及び「他都市における先進事例との比較」を概観した上で、本研究の事例から見えてくるものを示したい。

4.1　大阪市の都市開発における政策転換の実態

本項では、大阪市の都市開発における政策転換の実態を考察するために、開発関連の「協議会等」の設置状況を見る。**表-2**は、大阪市の都市開発関連の「協議会等」の設置状況の概要を示すものである。

表-2　大阪市の都市開発関連の「協議会等」の設置状況

所管局	事業名称・協議会等の件数	期間（年度）	役員の主な所属	ニュース
都市整備局	土地区画整理事業・7	1980～等	地元関係者	発行
	阿倍野再開発事業・13	1981～等	振興会・地元関係者	未確認
	まちづくり協議会活動支援事業・7	2000～等	地域内居住者	発行
	HOPEゾーン事業・7	1999～等	振興会・地元関係者	発行
	住宅地区改良事業・1	2002～	地域内居住者	発行
建設局	道路事業等・4	1986～等	地元関係者	未確認

出所）大阪市からの入手資料（2009.11.24）をもとに作成

上表から、第1に、大阪市が都市開発に関連して「協議会」等の名で組織をつくって施策を展開してきたのは、1980年代頃には阿倍野再開発事業や区画整理事業の場合であり、近年になって、HOPEゾーン事業やまちづくり協議会活動支援事業(以下、「まち協支援事業」)等が展開されている。第2に、いくつかの団体においては協議会等ニュースが発行され、振興会が協議会等の主な役員を担っている事例は、阿倍野再開発やHOPEゾーンの事業に見られる程度に止まっている、ことなどが見てとれる。

　大阪市における大規模再開発や区画整理の事業の取り組みは、事業施行者や地権者等を主体として基本的には行政主導で展開されてきた[22]。他方、大阪市のHOPEゾーン事業は、まちづくりを地域住民との協働により推進することを目的とし、国が1993年に創設した「街なみ環境整備事業」の制度を活用して実施している[23]。HOPEゾーン協議会の事例では、勉強会やワークショップの手法を使ったフォーラムの開催など、学識経験者の協力も得ながら多彩な活動が展開されている[24]。また、大阪市のまちづくり協議会活動支援事業は、国が1999年度に定めた「まちづくり協議会支援制度」を適用したもので、事業地区とその周辺が一体となって住民参加のまちづくりを進めていくことを目的として設立されたものである。住宅地区改良事業の事例では、住民参加や学識経験者を含めたワークショップ等が取り組まれている[25]。支援事業や改良事業の取り組み内容には、南部地区の影響が見てとれる。

　以上から、大阪市の都市開発における住民協働の対応の仕方は、初期段階の事例では、主として行政主導型の「住民参加」で展開されてきたが、近年の事例では、国の政策方針に沿って、住民主導型の「住民参加」へ政策転換を図りつつあることが見てとれる。しかし、南部地区のように、振興会がまち協の中心を担い、民主的ルールに基づく住民主導型の「住民参加」を実現し、地域の共同管理の主体として発展しているかどうかは、今後の検証が必要である。

4.2　他地区における先進事例との比較

　本項では、他地区における先進事例として、神戸市長田区真野地区と東京都世田谷区太子堂地区(その後「太子堂2・3地区」に改称)を考察する。両地区を選んだ理由は、立地、住環境及びまちづくり手法等の条件が南部地区と類似して

表-3 真野地区・太子堂地区・南部地区の比較

比較項目	真野地区	太子堂地区	南部地区
活動開始時期	1970年代	1980年代	1990年代
まちづくりの契機	公害反対等の住民運動	行政の事業計画	行政の事業計画
将来構想	長期	長期	長期
街づくり条例の制定	あり	あり	なし
地区計画の決定	あり	あり	なし
各種協定の締結	まちづくり協定	事前協議協定	まちづくり協定
行政との協働組織	まちづくり推進会	まちづくり協議会	まちづくり協議会
住民参加の形態	一貫して住民主導型	行政・住民協働型	行政主導から住民主導型
組織運営の基本	全分野で全住民参加	地区外住民の参加自由	部分的に全住民参加
部会	設置	設置	設置
専門家等との連携	全般的に日常的に連携	日常的に連携	部分的に連携
学習会や見学会等	実施	実施	実施
ワークショップの手法	実施	実施	実施
主な取り組み成果	総合的（環境・福祉等）	住宅・広場・道路の整備	住宅・広場・道路の整備
他地区への影響	全国的な影響	他地区との連携	一定の影響
地域の共同管理の実態	地区全体の土地利用計画、各種施設・道路の整備	民間住宅の修復、ポケット広場の維持管理、狭あい道路拡幅、緑道整備	公的住宅の整備、まちかど広場の維持管理、狭あい道路拡幅

いるため、それらを比較考証することに意義があると思われるからである。**表-3**は、真野地区・太子堂地区・南部地区の事例を比較したものである。以下、本表及び参考文献等[26]により、各事例の類似性や新規性について考察する。

各事例の類似性については、①地域特性として、都心近郊市街地、用途地域の混在、老朽木造家屋の密集、街路の狭隘など居住環境が悪い状況である、②住民運動がまちづくりを推進する原動力となっている、③学習会やワークショップなど多彩な取り組みを展開した、④まちづくり構想が長期的で段階的な取り組みを展開している、⑤住民参加によるワークショップ等により、地域に愛着を持って施設の共同管理が進んでいる、ことなどを指摘することができる。

先進事例の新規性については、真野地区の場合は、①公害反対運動等の住民運動からまちづくりが始まり、②まちづくりが全住民参加により進められ、③構想作成段階において、住民・行政・学識経験者が参画し、④成果の内容が単にハードな施設整備だけでなく福祉・教育等を含む総合的な内容に及んでいる、

こと等を挙げることができる。また、太子堂地区の場合は、①町内会中心ではなく「公募」による任意の住民が運動の主体を担い、②協議会メンバーは公募により、地区外の人もオブザーバーとして参加可能な外に開かれた組織運営を行い、③隣接地区の協議会発足に影響を与え、共同の取り組みを展開している、こと等を挙げることができる。

4.3　南部地区における共同管理の実態

本項では、前章の事例研究をふまえて、地縁型団体が困難を乗り越えて行政との協働を果たすとともに、地域の「共同管理」の主体に成長した実態について考察し、それを可能にした条件について言及したい。表-4は、まち協の変容過程を示したものである。

表-4及び前章第5節・第6節から、大阪市生野区の事例は南部地区の振興会がまち協の活動への取り組みを通じて、「共同管理」という段階にあることが、第1に、改良住宅建設に際して企画段階からの住民参加により住民の声が反映され、第2に、従前住宅において新しい自治会及び振興町会の誕生により新しい

表-4　まち協の変容過程

ステップ	大阪市・まち協等の動向	「住民参加」の形態
第1ステップ 行政主導型「住民参加」の段階	市が生野南部事業の対象地域の町会長へ事業内容説明(1993.12) まち協設立準備委員会を結成	従来のやり方を踏襲した行政主導型「住民参加」
	まち協設立総会(1994.7)において、改良関係住民の傍聴を承認	住民主導型「住民参加」の萌芽が誕生
第2ステップ 住民主導型「住民参加」の段階	住民の会からの提案を受けて、まち協の組織内に東部会を設置(1996.7)	住民主導型「住民参加」の形態に変化
	まち協に広場部会を設置(1998.7) まちづくり協定を締結(2001.12) 狭あい道路拡幅整備要綱(2002.9施行)	行政が「住民参加」のあり方を試行錯誤
第3ステップ 地域の「共同管理」の段階	従前住宅に新しい自治会及び振興町会が誕生し、自発的なコミュニティ活動を展開(2002.9) ワークショップに幅広い住民が参加し、地元住民による「まちかど広場」の自立的維持管理体制確立(2010.3現在6ヶ所) 改良住宅の計画段階から改良関係住民の意見を反映(2003.2) まちづくり協定に沿って、狭あい道路を拡幅(2010.3現在75ヶ所)	住民と行政の双方が住民主導型「住民参加」の良さを体験 地縁型団体が、住民主導型「住民参加」を通して地域の「共同管理」の主体へ発展

コミュニティが形成され、第3に、ワークショップの手法により住民主導で完成したまちかど広場が地域住民の手で自立的に維持管理され、第4に、地域住民の総意で締結されたまちづくり協定の理念に沿って狭あい道路の拡幅が進められた、などの点で認められよう。

そのような状況が起こったのは、第1に、地上げ屋との闘いで「人と人との絆」を強めた改良関係住民を中心に結成された東部会が、行政と対等なパートナーシップを確立して、数多くの画期的な成果を上げ、第2に、住民運動団体である「住民の会」が、調査活動・学習会・陳情行動を通して獲得した知識をまち協や行政への要望行動に反映したことにより、まち協や行政における不十分性が補完され、第3に、行政が住民運動との相克の中で試行錯誤を繰り返し、協働のあり方を従来の行政主導型「住民参加」から住民主導型「住民参加」へ政策転換した結果、事業の困難性が打開できた、などの条件が存在したことによることが見てとれる。この点は、他地区の先進事例(1970年代の真野地区、1980年代の太子堂地区)の「共同管理」事例とも異なった形で、1990年代になって新たに、南部地区で「関係住民の全員参加を保障する専門部会を設置するまち協」方式に変容したことにより現れたと言える(「表-3」「表-4」参照)。

また、以上の考察から、大阪市の政策が、1994年以前の〈行政サービス補完(下請け)型の「振興会」を通じて市が間接的に管理・運営する方式〉から、1994年以後、行政やまち協が住民の意向を広く吸い上げる方向での試行錯誤を繰り返し、とりわけ自薦他薦による部会員の選出や運営内容の全面公開を保障する東部会の設置が実現したことにより、〈より広範な地区住民の意向を反映させる方式〉に転換したことが確認された(「図-2」参照)。

このように生野南部事業において、地域の共同管理体制の成立と大阪市の地域整備事業政策における姿勢には響き合う点が見られた。本研究は、従来の諸研究に対して、この点を新たに示すことができたと考える。

おわりに

本研究は、事例として南部地区を取り上げただけであるため、大阪市において一般的に「地縁型団体が地域の『共同管理』の組織として成長する可能性があ

```
提案・協働の度合 ↑
            ● 真野地区
          ● 太子堂地区
        ● 南部地区
      ● HOPEゾーン・まち協支援
    ● 再開発・区画整理
                          → 住民参加の度合
```

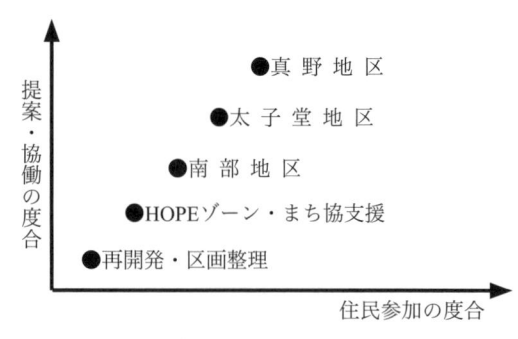

図-3 「住民主体のまちづくり」評価

る」と即断することはできない。しかし、真野地区や太子堂地区の先進事例が他地区に大きな影響を与えたことを考慮するならば、南部地区の事例から得られた新規的要素が、大阪市の今後の都市開発において、一定の影響から一般的なものへと発展する可能性はあると思われる。

　図-3は、南部地区におけるまち協の取り組みについて、先進事例や他事業との相対評価を試みるために作成したイメージ図である。評価軸として、縦軸に行政等への「提案・協働の度合」、横軸に「住民参加の度合」を設定し、両要素を統合する尺度として「『住民主体のまちづくり』評価」という表現を用いた。統合評価が高いほど、「地域共同管理の水準度」が高いことをイメージしたものである。この図から、今後のまちづくりや地縁型団体の発展を考える場合、真野地区や太子堂地区の先進事例を参考にしながら、当該地区の事情に合わせた取り組みを進めることが重要であることが見てとれる。

　最後に、大阪市が取り組むべき今後の課題について、本論の考察をふまえて提起したい。第1に、住民参加のあり方を行政組織として認識を改めるための具体的施策を講じること（たとえば「都市開発における住民参加のあり方検討委員会」の設置）、第2に、事業の進め方や体制の抜本的な見直しを行うこと（たとえば、①情報の全面公開、②当該地域に係る事前調査、③住民・専門家・行政等による「三位一体」体制[27]）、第3に、コミュニティ組織の相互連携を図るシステムづくり、などが挙げられると思われる。

【注】

1 「大阪市の住宅施策」(大阪市都市整備局、1991年)、同(1995年)及び同(2006年)参照。
2 近江は、否定的な見解として[鈴木、1953：22]、[奥井、1953：23]、[磯村、1953：43]を挙げている(近江、1984：83)。
3 文化的な見解の文献としては [中村、1990]参照。
4 機能的な見解の文献としては [菊池、1990]参照。
5 町内会に係る理論に関する中田の主張は[中田、1981：21-29]、地域共同管理については[同：30-75]及び[中田、1993：40-46、72-74]参照。
6 市民局「地域振興(区政コミュニティ、市民公益活動)事業分析報告書」2007年3月参照。
7 大阪市地域振興会の近年の状況については、「おおさかの住民と自治」(特集第67号通巻第366号)2009年5月号を参照されたい。
8 前掲、市民局、2007参照。
9 市民局「組織現状調査」(H21.1.1現在)及び生野区役所「振興会組織現況調査」(H10・14・18)参照。
10 生野区南部地区のまちづくり協議会編『生野区南部地区のまちづくり協議会の活動記録 資料編4』平成15年5月参照。
11 生野区南部地区まちづくり協議会発行「まちづくりニュース」の各号参照。
12 船越康亘「めざせ！住民主権のまちづくり」『区画・再開発通信 通巻476号 2009.8.15』p1-2参照。
13 前掲[船越、2009：2]参照。
14 筆者の船越康亘氏からの聴き取り調査(2009年10月7日付け)による。
15 大阪市長 磯村隆文「生野東地区面的整備(住宅地区改良事業)に関する要望について(回答)」大都整第1261号、平成9年8月11日参照。
16 生野東部会報告及び前掲「まちづくりニュース」参照。
17 元生野南部事務所長A氏は「国と協議の結果、従前住宅に引き続き住むことが可能となり、市としても引越費用が軽減されるメリットがあった」と語っている(筆者による元生野南部事務所長A氏からの聴き取り調査：2009年11月18日付けより)。
18 従前住宅におけるコミュニティ形成過程については、[林2005：72-80]を参照されたい。
19 元生野南部事務所長B氏は「東部会や広場部会を通して住民の意見が反映され、困難に直面した事業が前に進んだ」と語っている(筆者による元生野南部事務所長B氏からの聴き取り調査：2009年11月11日付より)。
20 船越氏は「幅広い住民層が参加した背景には、住民参加型の東部会の良さが、まち協や行政の担当者に認識されたからだと思う」と述べている(前掲、聴き取り調査[船越：2009]より)。
21 「生野区南部地区のまちづくりとランドスケープ」『大阪市生野区のまちづくり 密集市街地にできた「まちかど広場」』ランドスケープデザイン、No.29、2002、抜刷』参照。
22 都市再開発については[大久保・角橋、1985]参照。区画整理については、大阪市都市整備協会編「—まちづくり100年の記録—大阪市の区画整理」平成7年3月、大阪市建設局を参照。

23 大阪市からの入手資料「Ⅱ 都市居住魅力の向上に向けた地域特性を活かした居住地の整備」参照。
24 大阪市からの入手資料「協議会ＮＥＷＳ」参照。
25 大阪市からの入手資料「まち協ニュース」参照。
26 真野地区は、[延藤・宮西、1981：137-195]、[広原、1989：336-349]、「真野地区　復興記念誌　日本最長・真野まちづくり」(真野地区記念誌編集委員会、平成17年11月)及び筆者による宮西悠司氏からの聴き取り調査(2007.9.17付)参照。太子地区は、「太子堂地区まちづくり協議会　10年の活動」(世田谷区世田谷総合支所街づくり課、平成5年3月)、「太子堂2・3地区　20年のあゆみ」(同地区まちづくり協議会他、平成12年4月)及び筆者による世田谷総合支所街づくり課からの聴き取り調査(2009.9.3付)参照。
27 元南部事務所長Ｃ氏は、先進事例を視察した経験から、住民・専門家・行政による体制の重要性を指摘している(筆者による元生野南部事務所長Ｃ氏からの聴き取り調査：2009年11月18日付より)。

【参考文献】
磯村英一、1953、「都市の社会集団」『都市問題　第44巻第10号』東京市政調査会
延藤安弘・宮西悠司、1981、「内発的まちづくりによる地区再生過程」『大都市の衰退と再生』東京大学出版会
近江哲男、1984、『都市と地域社会』早稲田大学出版部
大久保昌一・角橋徹也、1985、『苦悩する都市再開発』都市文化社
奥井復太郎、1953、「近隣社会の組織化」『都市問題　第44巻第10号』東京市政調査会
奥田道大、1983、『都市コミュニティの理論』東京大学出版会
菊池美代志、1990、「町内会の機能」『町内会と地域集団』ミネルヴァ書房
鈴木栄太郎、1953、「近代化と市民組織」『都市問題　第44巻第10号』東京市政調査会
高野裕恵、1995、『このまちに住みたい　路地裏の母ちゃんたちのたたかい』シイーム出版
中田実、1981、「地域共同管理の展開と町内会・自治会」『これからの町内会・自治会』自治体研究社
中田実、1993、『地域共同管理の社会学』東信堂
中村八朗、1990、「文化型としての町内会」『町内会と地域集団』ミネルヴァ書房
林正珉、2005、『居住地による生活環境構築からみた密集市街地の更新のあり方に関する研究』(大阪大学大学院博士論文)
広原盛明、1989、「先進的まちづくり運動と町内会」『町内会の研究』御茶の水書房
山崎丈夫、1996、『地域自治の住民組織論』自治体研究社
山崎丈夫、1999、『地縁組織論―地域の時代の町内会・自治会、コミュニティ』自治体研究社
山崎丈夫、2003、『地域コミュニティ論』自治体研究社

An Empirical Study of the Relationship between Residence Groups and the Policy Switch of a Municipality in the Urban Development
— A Case Study of "South Ikuno District Project" in Osaka City —

MATSUMOTO, Hirohiko

Abstract:

This paper studies the relationship between the residence groups and the policy switch of the municipality in a case study of "South Ikuno District Project" in Osaka City.

This district has a variety of problems in terms of disaster prevention and residential environment. The examples are narrow alleys, insufficient parks and open spaces, and the mix of residences, business and industries in the same area. In addition, low-quality wooden apartments and old tenement houses built before the Second World War are crowded together.

The city of Osaka designates this district as a leading model for urban redevelopment and aims to improve the overall disaster prevention capability of the area by ensuring adequate public facilities and promoting the building of fireproof structures.

The design calls for a variety of measures to be combined under the Comprehensive Improvement Project for Urban Housing Districts and the Blighted Residential Area Renewal Project. Discussions have been held with residence groups regarding concrete projects.

However, the process of the collaboration between the administration and residence groups was not smooth because many local residents have complex interests in each project.

The study clarifies empirically the relationship between residence groups and the policy switch of a municipality in the Urban Development based on the actual conditions that residence groups have accomplished.

This empirical study about this case identified two points; the existence of residence groups is not negative, but developable fluidly according to the activity of inhabitants, and the administrations recognize the necessity of the flexible management of the residents and switch from a traditional policy to a new one.

This study shows that the residence groups in the district created the unprecedented results after a process of trial and error. Furthermore, it clarified that the residence groups became the main constituent of Community-Based Management, which is different from the advanced cases in other districts.

---- 自由投稿論文 ----

本論文は複数のレフェリーによる査読を受けたものです。

地域自治組織の範域と代表性
―丹波市旧柏原町の自治協議会を事例として―

Study about area of neighborhood autonomy organization and representation.
—A case study of neighborhood autonomy council of Tamba city —

山本　素世
YAMAMOTO, Soyo

---- 要　約 ----

　新たな範域で地域自治組織が設立された際に、その範域が従来の住民組織と異なる場合、どの組織が住民を代表するのかは、住民の合意形成に関わる課題である。

　丹波市では、合併後に旧町の範域ではなく小学校区での自治協議会の設立をすすめた。本稿で事例とする旧柏原町は、合併前に小学校区を範域とする地域自治組織のなかった地域であり、住民の活動範域の変化となった。本稿では、まず丹波市の特徴をとらえ、自治協議会を旧町ではなく、小学校区を範域とした理由を探った。また、従来からある自治会や自治会長会の範域の状況を確認した。次に、旧柏原町の2つの自治協議会について、活動や地域での位置づけについて検討し、一方は事業の執行機関として、他方は合意形成機関であり事業の執行機関であることを見いだした。

　地域の住民代表性については、旧柏原町では、旧町を範域とする自治会長会が存しており、旧町全体の実体的な地域の合意形成機関である。しかし、一方の自治協議会においては、自治協議会が地域の実体的に合意形成機関となったため範域の不整合がおきていることを指摘したい。

　本稿は、範域の問題は、総合計画の地区別計画など地域づくりを住民参加で考える際に、どの機関がその地域を代表するのか、にかかわる重要な課題であることを見いだした。

キーワード：兵庫県丹波市、小学校区、自治協議会、地域代表性
　　　　　　Hyogo-ken Tamba city, School district, neighborhood council, regional representativeness

1 問題の所在と意義
1.1 問題関心

　平成の合併という大きな流れは、地域社会に大きな変化をもたらし、新たな課題や切実な課題を生み出してもいる。合併した自治体では、中心と周縁部の格差という課題や行政サービスの維持、合併前の自治体の自立性の確保などの課題が生じている。他方、合併を選択しなかった自治体においては、切迫した財政問題，行政サービスや地域の維持などを巡って、住民を交え様々な検討がされてきた。筆者は、過去3年にわたり合併自治体および合併しなかった自治体の地域自治に関する調査プロジェクトに参加する機会を得た[1]。プロジェクトでは、行政、自治会、地域自治組織[2]にかかわる人々にインタビューを行い、地域の自治に「合併」がどのような影響を及ぼしたか、どんな課題が生じてきているのか現状を把握し課題をとらえようとした。新たに地域自治組織を設立して、行政と住民の距離の拡大、住民の意見の届きにくさ、行政サービスの低下などの解決を図り、地域づくりをすすめていこうとする姿があった。そして、この調査を通じて得た最も重要な論点が、新たに地域自治組織が形成される際に浮かび上がる組織の「範域」という問題であった。

　地域自治組織には、国の法制度に基づくものとして「今後の地方自治制度のあり方に関する答申（2003年第27次地方制度調査会）」の地域自治区（地方自治法204条）や地域協議会がある。合併後の自治体が、地域自治区や地域協議会を合併前の旧町村の範域で設置するなどの例がある。他方、自治体独自の条例や要綱に基づくコミュニティ協議会，まちづくり協議会，地域づくり振興会，自治協議会などの名称の地域自治組織がある[3]。これらの地域自治組織は、小学校区や中学校区という範域で設立されることが多い。

　合併した自治体の地域づくりとして、小学校区での地域自治協議会を設立して取り組む例がある。本稿で事例とする丹波市の旧柏原町は、合併前は小学校区を範域とする地域自治組織がなかった地域である。合併後、新たに小学校区での地域自治組織が設立されたことが、住民の総意をまとめるのはどの組織かという課題を生み出した。本稿では、地域自治組織と地域を代表する機関について、「範域」をキーワードに社会学的な視点から分析を試みる。

1.2 先行研究との関連

　地域自治組織ついては、組織の活動、行政との協働、NPOとの関係、ガバナンスの形成、地域の持続可能性、協議会組織、自治協議会のリーダーという視点から多くの研究が行われてきた。ここでは、範域に関する研究について概況しておきたい。

　地域自治組織の範域に関しては、広域化する基礎自治体についての指摘がある。基礎自治体の広域化は住民視点からの範域の合理性に問題があることを指摘し、旧大宮町と旧美山町の例をあげ、地域自治組織の形成と運営領域が昭和の旧村の広がりをベースとすることに注目している(岡田2006)。また、地域のまとまりが町内会、自治会の範域で支えられ継続されてきたことを指摘し、明治の旧村と現在の小学校区の関係に着目する研究がある(名和田2007)。

　自治会長との関係については、コミュニティ政策学会第4プロジェクトの研究がある[4]。この研究では、地域自治組織は包括型組織であると捉え、地域を代表する組織とみている。地域自治組織と自治会の関係について、調査対象の協議会ごとに整理し、合意形成の際の決定権が、地域自治組織と自治会のどちらにあるのか明確にできない実態が指摘されている(木原2009)。

　しかし、地域自治組織が従来の自治会長会(連合自治会)と異なる範域で新たに設立された場合に生じる問題については、まだ多く語られていない。地域差はあるが、自治会長会は小学校区で組織され、地域自治協議会と範域を同じくする例が多く見られる。それ故、どちらが合意形成機関となり地域住民を代表するのかをめぐって軋轢が生じやすい。軋轢があっても、同じ母集団であれば、形式的正当性と実体的正当性を考慮し、代表性を調整することは可能である。しかし、それぞれの範域が異なることは、住民の母集団が異なることであり、誰を代表しているのかという地域の住民代表性の根本をゆるがす問題につながる。そして、先行研究の中に、この「範域」という視点を十分に踏まえた研究をいまだ見いだすことはできていないのである。

1.3 本研究の意義

　地域自治組織が設立される際に、その範域はどのように設定されるのだろう

か。地域自治協議会では、合併前の旧町村を範域とする事例、コミュニティ協議会のような組織では、小学校区や中学校区を範域とする事例が存する。この範域の決定は、地域のまとまりをどの範域とするのか、地域の住民自治はどの範域が実態に即しているのかという地域の特徴を踏まえる必要があり、コミュニティ政策では重要な課題である。そこで、地域自治の範域について考察する意味について考えておきたい。

地域自治組織を考えるにあたり、いくつかの論点があるが、その1つに自治をどの枠組でとらえるかという範域の問題がある。国の法制度からすれば自治の範域は、地方行政の制度で設定される地方自治体の範域ということになろう。しかし、住民の自治活動からとらえた場合、それはコミュニティが形成されている範域とみられる。マッキーバー(1917)は、社会的類似性、共通する社会的観念、共通の慣習、共属意識を持ち共同生活が行われている一定の地域をコミュニティと定義づけた。コミュニティは、生活の範域であるため、必ずしも行政的な範域と一致するとは限らない。特に合併により、自治体の範域が拡大すると、コミュニティの範域とは乖離していく。

地域自治組織を地域の総意をまとめる住民合意の形成機関とみると、その地域自治組織は、住民の合意を形成し地域の総意を代表しているのかという正当性の問題がある。これは、旧来からある自治会長会と地域自治組織のどちらが住民合意の形成機関であるのかという代表性に関連する。この問題は、小学校区などで新たに包括的な機能を持つ地域自治組織が設立される際に、起こりやすい問題といえる。特に、合併した自治体が地域自治組織の設立を進める場合は、旧町村で異なっていた制度を統一して新たな制度として実施される。その結果、それまでの自治会長会などの範域が、新たな地域自治組織の範域と整合していないという問題が生じやすい。この場合に、地域の代表性と地域自治組織の範域の課題が顕著にでてくるのである。このように、地域の代表性と範域の問題は、合併自治体固有の問題ではないが、合併自治体で起こりやすい問題といえる。

住民代表性では、選挙によって選ばれる地方議員(以下、議員と記す)と首長は住民を代表する存在である。範域という視点では、首長はその自治体の範域の住民を代表する存在である。一方、議員は選挙の基盤としている特定の区域

の住民を代表すると考えられてきたのではないか。この考えは、合併した自治体で議員の定員が減らされていることは、議員という地域の住民代表を送り出せない地域がでてくることであり、地域の住民代表性の低下である(中田2007)という問題の根拠といえよう。そこで、地域自治組織が、住民の合意形成をはかり行政に伝えることで、議員という住民代表のいない地域の住民代表性を補うことが求められるだろう。

では、これまでどの組織が住民の合意形成をはかり、総意を代表してきたのだろうか。従来は、自治会・町内会がその役割を果たしてきた。自治会は、「世帯単位」「自動的加入」「包括的機能」「行政補完機能」が特徴とされている。これに加えて「1つの地域には1つの町内会しかない」という「排他的地域独占」がある(倉沢1998)。つまり「世帯単位」「自動的加入」という構成員の特徴に加えて、「排他的地域独占」を考慮して、町内会・自治会から出された意見は、その範域を代表する意見として見なされている。自治会の連合組織である連合自治会, 自治会長会も、「代表の代表」として、その延長上にあると見なせる。選挙で選ばれた首長や議員のような法制度の裏付けはなく、実体をもって「見なす」のである。首長や議員は選挙という裏付けがあり、住民代表性として形式的当性があるが、自治会や自治会長会については、実体的な正当性を認めていることになるだろう。

さて、地域自治組織のうち、地域自治区、地域協議会は、組織構造や機能、代表者の選任方法などが地方自治法や条例によって定められており、地域を代表する組織として形式的正当性を持っていると言えよう。形式的な正当性をどのような制度で担保していくか、法的な制度をどう整えるかは重要な課題であるが、本稿では、法的な裏付けがあること自体を重視して、形式的な正当性をもっていると捉える。

次に、それぞれの自治体で独自に設立されるコミュニティ協議会や自治協議会のような組織はどうだろうか。これに関しては、事例をもとに後述するが、その組織が地域を代表する機関として、形式的な正当性があるのか、実体的な正当性を認められるのかが課題となる。ここで、代表性に関して形式的な正当性をもつ組織と実体的な正当性をもつ組織の範域が同じ場合、どちらを優先するか、実体的な代表性を持つ組織の意見を考慮するかという問題はあっても、

どの範域の住民の意見であるかという問題は生じない。小学校区を範域とするなら、どちらも同じ校区であり、同じ母集団である。しかし、地域自治組織が小学校区で自治会長会が旧町という例では、代表する母集団である住民が異なってくるため、どの地域の意見かが問題となる。

このように、地域自治組織の範域を考えることは、住民の自治を考える上で、重要な論点である。また、地域自治組織の範域は、自治会、小学校区、旧町、自治体全体という構造において、どの段階での合意形成が可能であるかということにも関連する。

以上のように、地域自治組織の範域と地域の住民代表性について考察することは、自治の研究において意義のあるものである。

2　丹波市の概要

旧氷上郡は、明治、昭和、平成と3度の合併を経て丹波市となった。丹波市は、地域自治組織の範囲として小学校区を選択した。そこで、合併の変遷をたどり、また丹波市の特徴をとらえることを通じて、その理由を考察することにしよう。

2.1　丹波市の沿革

旧氷上郡は、旧丹波国の西に位置しており、但馬，丹後，山陽道を結ぶ交通・経済の要衝であり、江戸時代には、旧柏原町が織田家2万石(織田信雄系)の町として、藩校や陣屋敷が存していた。廃藩置県に際し1871年に豊岡県、1876年より兵庫県に属し、明治の合併前には、175町村が存していた。明治5年の学制発布をうけて、挙田、大新屋、鴨野、北山、田路、室谷の6か村連合で開精舎(後の新井小学校)を明治6年に開校する等、近隣の村が共同で小学校を設立していった。柏原町でも、藩校の崇広館をもとに崇広小学校が開校された。明治22年の合併では、175町村が26町村となった(**表-1**参照　筆者作成)。小学校も村立新井小学校、柏原町立崇広小学校となるなど、それぞれ町村立小学校になっていった。その後、村名改称や石生村と本郷村の合併、町制施行が行われ[5]、明治40年の生郷村の合併により旧氷上郡は、25町村となった。この25町村の範域が、現在の小学校区である。

表-1 合併の推移

明治の合併		大正期	昭和の合併		平成の合併
明治22年	明治22-40年	町制移行	昭和30年	昭和32年	平成16年
柏原町	柏原町	柏原町	柏原町	柏原町	丹波市
新井村	新井村	新井村			
成松村	成松村	成松村	氷上町	氷上町	
沼貫村	沼貫村	沼貫村			
石生村	生郷村	生郷村			
本郷村					
葛野村	葛野村	葛野村			
油良村	幸世村(改称)	幸世村			
黒井村	黒井村	黒井村	春日町	春日町	
春日部村	春日部村	春日部村			
大路村	大路村	大路村			
国領村	国領村	国領村			
船城村	船城村	船城村			
佐治村	佐治村	佐治村	青垣町	青垣町	
神楽村	神楽村	神楽村			
芦田村	芦田村	芦田村			
遠阪村	遠阪村	遠阪村			
久下村	久下村	久下村	山南町	山南町	
上久下村	上久下村	上久下村			
小川村	小川村	小川村			
和田村	和田村	和田村	和田村		
前山村	前山村	前山村	市島町	市島町	
竹田村	竹田村	竹田村			
吉見村	吉見村	吉見村			
鴨庄村	鴨庄村	鴨庄村			
美和村	美和村	美和村			

昭和の町村合併では、表-1のように昭和32年に山南町と和田村の合併により、平成の合併前の6町が誕生した。多少の違いはあるが、人口は各町で概ね1万人となった。小学校区は、合併前を引き継ぎ25校区である。

平成の合併は、旧氷上郡6町で進められた。平成9年に氷上郡6町合併連絡協議会が設立され、平成12年10月に氷上郡6町合併協議会が発足し、市島議会で反発がでたものの概ね順調であった。合併に関して、特筆すべきは、新市名決定である。新市名候補については、氷上郡であることから「ひかみ市」「氷上市」などの案がでていたが、旧氷上町以外の住民からかなりの反発があり、一時は合併自体の破綻が危惧されるほどであった。平成15年1月に、公募の結果最も多かった旧国名に由来する「丹波市」に決定された。このように市名をめぐる旧町間での住民の意見対立を含みつつ、平成16年11月1日に丹波市が発足した。

2.2 多極型という特徴

現在の丹波市は、人口は、71,103人、24,495世帯(平成21年3月末日 丹波市)、面積493.28km²である。小学校区は、明治の旧村の範域であり、25校区である。

中国山地の東端で、谷間の盆地に集落が点在し、市内の交通の利便性は低く、市域内での交流がしにくい。合併前の旧町は、旧氷上町がやや多く青垣町がやや少ないものの、1万人前後と似たような人口規模であった。市の地勢的中心に商業施設、行政施設の集積がなく、都市核がはっきりせず、シンボルとなるような中心地がない多極的な自治体である。

旧柏原町は、税務署や地方裁判所支部など国及び県の出先機関が11施設あり政治の中心地である。一方、旧氷上町は、幹線道路沿いに大型商業施設が立ち並んでおり、商業の中心となっている。また、庁舎は、氷上庁舎、春日庁舎（旧春日町）の分庁舎方式であり、教育委員会は旧山南町に存し市政の中心地が明確でない。支所は旧青垣町、旧市島町、旧柏原町、旧山南町に存する。生活関連施設は、6つの地域ごとにそれぞれ商業地、ホール、民俗資料館、福祉センターなどが存する。

住民生活では、食料品などの日用品は主に近隣や旧町内で購入されている。しかし、買い回り品の購入や通勤, 病院の行き先は、旧市島町，旧春日町は京都の福知山市、旧柏原町は大阪方面や神戸市、旧山南町は、三田市、西脇市となり、旧町によって異なる。住民にとっては、新たに丹波市となっても生活行動に変化が無いため、旧町時代の感覚が変化しにくいのである。住民は、丹波市という新しいまとまりを意識する機会が少ないのではないかと推測される。

2.3 自治会長会

丹波市には、298の単位自治会があり、自治会長会は、下記の構成になっている。

| 単位自治会
298 | → | 理事25名
（小学校区） | → | 役員6名
（旧町） | → | 自治会町会会長 |

単位自治会の上部組織は、丹波市全体の自治会長会のみとなっている。理事は、小学校区の代表として、小学校区ごとに選任される。理事から役員6名を選任し、旧6町から1名ずつとされる。別途丹波市自治会長会会長1名を選任している。丹波市は多極的であるゆえに、自分の住んでいる地域以外の事情がわかりにくい。そのため、地域をよく分かる人が参加すべきという配慮である。

ここで注目したいのは、丹波市の自治会長会の下部組織として旧町単位の自治会長会と小学校区単位の自治会長会がないことである。実態として、旧氷上町、旧春日町、旧市島町、旧山南町には、小学校区ごとの自治会長会（区長会、総代会）があり、旧青垣町以外には、旧町を範域とする自治会長会が存している。これらは、丹波市自治会長会の下部組織ではなく、別の任意組織となっている。

表-2 旧町の自治会長会と地域自治組織

旧町名	旧町の自治会長会	小学校区の自治会長会	小学校区の地域自治組織	小学校区数
柏原	有り	無し	無し	2
氷上	有り	有り	自治振興会	5
春日	有り	有り	社会教育振興会	5
青垣	名目的にあり	無し	無し	4
山南	有り	有り	地区振興会	4
市島	有り	有り	自治振興会	5

　自治協議会が新たに設立されるまで、旧春日町、旧山南町では、地域の総意をまとめ、合意を形成してきたのは、自治会長会であった。旧春日町の社会教育振興会は、生涯学習を推進する組織であり、旧山南町は公民館活動を通じた地域づくりの組織で、双方共に、地域の合意形成機関ではなかった。旧青垣町では、単位自治会が直接行政に要望していたので、自治会長会として旧町の範域での活動がなく、町長が自治会長を招集する時に、自治会長会の名目を使っていた。旧柏原町では、校区ごとの自治会長会が無かったため、旧町の総代会（自治会長会）が合意形成機関となっていた。また、旧市島町と旧氷上町では、自治振興会が総意をまとめる合意形成機関となっていた[6]。

3　丹波市の自治協議会
3.1　地域づくり事業と小学校区

　多極型の自治体である丹波市は、1つのところへ求心力が働きにくいため、地域自治組織を設立する際に、どの範域が適切であるかは課題であった。旧町を範域とすることは旧町を強調することにつながり、新市名を巡っておきた旧町ごとの住民の感情的な対立が尾を引くのではないかと懸念された。また、谷間に集落が点在しており交流しにくいという地理的状況では、旧町の範域内でも互いにわかりにくく、集落毎の特徴が異なり、地域自治組織の範域として、旧町は目が行き届きにくく広すぎるのではないかとされた。

　小学校区は、明治の旧村の範域であるため、比較的集落がまとまっており交流しやすく、地域の差も少ない。また、明治以来の共同体であるという歴史があり、既に旧氷上町や旧市島町では、この範域で地域自治組織が活動していた。

さらに、多くの地区で小学校区ごとに地域の運動会が行われている、旧村時代から伝わる祭りがあるなど、小学校区は住民にとってなじみがある。自治会長会(総代会、区長会)が小学校区に存する地域もあり、多かれ少なかれ住民の自治の範域となっている。このような状況を踏まえ、住民にとって小学校区は身近で目の行き届く範囲であろうとされた。

　なお、丹波市の小学校区は、お互いに重なり合っておらず、1つの地区に1つの小学校が対応しており範域が区別されているため、互いに排他的であり地域独占的である。

　丹波市が、小学校区を地域自治組織の範域として適切であるとして選択した意義は、これらの点にあると考えられる。

3.2　自治協議会の概要

　丹波市は、新市の総合計画で住民参加，協働促進を構想し、自治会への補助金を一本化する交付金案を検討していた。合併後、この案に基づき「丹波市地域づくり交付金交付要綱」が平成19年3月に制定された。

　丹波市の自治協議会は、この要綱に基づき地域の住民の合意をもって設立される地域自治組織であり、行政の内部組織ではないため[7]、行政の事務を分掌していない。

　要綱では、小学校区を範域とする自治協議会に補助金を一括して交付するとしている。以前は、自治会に直接交付されていた補助金は、自治協議会を通じてのみ交付されることになり、自治会には直接交付されなくなった。このため、交付金を受けるには自治協議会を設立する必要があったという点で、自治協議会の設立において行政の誘導があったといえよう。平成19年4月より、各校区で自治協議会が順次設立されていき、平成19年中に全ての小学校区で設立された。

　自治協議会の活動にテーマを設定したのは、テーマがあると活動を考えやすいとされたからである。実際には、ある活動のどの面を重視するかでどのテーマにするかとして運用されている。広範な活動分野から見ると、自治協議会は包括的な活動をする組織であると見なせる。

　活動支援員は、自治協議会の事務局であり、拠点施設に常駐している。また、

表-3 丹波市の自治協議会の概要（筆者作成）

設置	地域づくり交付金交付要綱
目的	小学校区における地域課題の解決を図り、かつ、市民による主体的な連携と交流の地域づくりを推進
範域	小学校区
定義	小学校区を単位とする地域において、地域住民、自治会、各種組織その他の団体等によって構成され、規約及び自主財源を有し、地域活性化のために要綱に定める活動を行う組織
活動内容	地域福祉、安全安心、教育、環境、文化、人権、男女共同参画、活動拠点管理、地域活性化に関する活動 特に「健康」「教育」「環境」のテーマに該当する活動を、それぞれ最低1つずつ実施する
人員	活動推進員を1名か2名おき拠点施設に、一定時間常駐する。地域づくり活動を展開できる人材として自治協議会が選任する。活動推進員は、諸事務を担当する。
行政の人的支援	校区在住の市職員を支援者として、3名配置する。通常業務と兼任。
拠点施設	活動拠点施設をもち維持管理および運営する
交付金 （1協議会につき） （4月1日を基準）	拠点施設　　単位面積×1,330円
	推進員人件費　　1,140,000円
	活動費基礎分　　500,000円
	自治会分　　20,000円×単位自治会数
	世帯分　　100円×世帯数
	人口分　　50円×住民数
会長	自治協議会ごとに選任（要綱に規定無し）
規約	自治協議会ごとに作成
構成団体	小学校区の全自治会が参加必須。校区で活動する諸団体が参加可能。

校区在住の市の職員が3名支援者となり、活動の相談に応じ支援を行うとしている。

　自治協議会は交付金を受けるに当たり、年間事業計画書、収支予算書を市長に申請し、事業終了後は報告書の提出を義務づけられている。平成21年度までは、校区の交流を図るイベントに対し、イベント分として必要な経費が申請によって交付される。

　構成団体は、自治会は必須とされているが、それ以外の参加団体として婦人会、老人会、PTA、消防団、子供会、防犯協会、体育振興会などがあり、自治協議会によって異なる。運営については、部会方式などそれぞれの自治協議会によって異なる。参加団体は、団体ごとの参加であり、代表者が理事や役員として運営に参加している。

　代表者である自治協議会会長の選任方法は、要綱では定められておらず、各自治協議会の規約に基づく。自治会長が自治協議会の会長を兼任する、小学校区の自治会長会の会長が兼任する、自治会長と別に選任するなどがある。実態

としては、選挙というより互選または推薦で選任されていた。なお、各自治会長は、役員や理事などで自治協議会の運営に関わっている。

丹波市の小学校区は、互いに排他的地域独占が成立している。また、自治会は自動的、世帯加入、排他的地域独占である。自治会が全て自治協議会に参加していることから、住民も自治会を通じて、自治協議会に対して自動的加入、世帯加入になっていると見なせるだろう。

3.3 自治協議会と自治会長

都市部では小学校区の自治会が100以上という地域もあり、全ての自治会長が地域自治組織に参加することは困難である。このような場合、自治会長会の会長のみが参加し、自治会長会は各自治会に対して周知機関となる。丹波市では、小学校区の自治会数の最多は22であり、自治会長22名全員が参加することは可能である。丹波市の自治協議会では、自治会長は理事、役員、評議員などで、自治協議会の運営に全員携わっている。

自治協議会長は、各自治協議会の規約により選任されるため、自治会長が兼任している場合と自治協議会長のみを専任している場合がある。自治会長以外から自治協議会の会長を選任する場合は、自治会長から選挙管理委員を数名選び、候補者を探す。候補者に、選挙管理委員が依頼し、候補者が承諾、総会にて承認を得る。この場合候補者は、自治会長の経験者から探している。自治会長の経験があると地域の事情や組織運営がわかっているという理由であり、自治協議会が自治会と同様の包括型組織であると自治会長がとらえているからであると推察する。

自治会長が自治協議会長を兼任している場合としていない場合のメリットとデメリットは、**表-4**のように整理できる。

表-4 自治会長と自治協議会（筆者作成）

	メリット	デメリット
兼任	自治会長会との連携がスムーズ、住民への伝達がスムーズ	自治会長の業務と重なるため負担が大きい。自治協議会の業務が片手間になる
専任	自治協議会の業務に専念できる	自治会長会の情報がわからない。審議に時間がかかる。住民への周知を依頼する必要がある

自治協議会の会長を兼任している場合、小学校区の自治会長会の会長も兼任していることが多い。自治会長の業務自体が多忙であり、校区の自治会長としての業務に加えて、自治協議会の会長としての業務が重なるという三重の負担がかかることになる。

次に、自治協議会の会長のみ専任している場合は、自治会長会には参加できない。自治会長会に図りたい事が生じると、自治会長会の開催を依頼し議論してもらうということが必要となる。このデメリットは、地域の課題を議論する組織が自治会長会と自治協議会の2つになっていることが要因と考えられる。自治協議会だけで地域に関する事項を決議できない、合意形成ができないということであり、地域の合意形成が2つの機関で行われていることを示している。なお、このメリットとデメリットより自治協議会は、自治会を住民への情報を周知する組織としてとらえ、情報伝達機能を評価していることがわかる。

4　旧柏原町の自治協議会

4.1　事例地(旧柏原町)の概要

本稿で事例として、焦点をあてるのは旧柏原町である。旧柏原町には、崇広小学校と新井小学校の2つの小学校があり、校区は明治の旧町村である柏原町、新井村の範域である。

柏原地区は、転入転出人口が多い地区である。また、古くからの市街地であるが、商店街は道路沿いの大型店舗に押されてやや寂れている。自治会は世帯数が多いため、地域の課題も自治会で対応出来ることが多い。JR柏原駅を含

表-5　旧柏原町の地域概要

地区名	柏原地区	新井地区
自治協議会	柏原自治協議会	新井自治協議会
小学校	崇広小学校	新井小学校
人口	7,806人	2,360人
世帯数	2,993世帯	872世帯
自治会数	17	10
自治会世帯数	100世帯から200世帯の自治会が多く、300世帯以上の自治会が2つ。200世帯台の自治会が2つある。全体として自治会の世帯数は、多い。	50世帯から60世帯の自治会が中心。100世帯のところと20世帯以下の自治会も存する
地域の特徴	国や県の出先機関があるため昼間人口が多い。転勤などによる住民の転入や転出の多い地域。古くからの商店街がある市街地。	バス路線が無く、行政の出張所はない。椎茸の産地で田畑が多い。新興住宅地が出来、新しい住民も増加傾向にあるため、新旧住民が混合している。

む地域であり、柏原支所も存している。

　一方、新井地区は、神姫バスの路線が無く、ＪＲ柏原駅へはタクシーか自家用車を利用することになる。郵便局は存するが、行政の出張所はない。近年、新興住宅地や公営住宅が建設されたため、転入者が増加しつつあり、新旧の住民が混合している。また、椎茸の産地であり、山が近くのどかな里山の風景が広がる地区である。

　旧柏原町では、旧町時代に小学校区を範域とする地域自治組織がなく、総代会（自治会長会）も小学校区の範域には無かった。総代会の会長は、柏原地区が会長になったら副会長は新井地区、次の年は逆にしている。夏祭りや河川の清掃活動などの行事も校区による区別はなく、旧町全体で一体として実施していた。しかし、丹波市の政策によって、それぞれの小学校区で新しく自治協議会を設立することになり、1つのまとまりが2つに分裂することになった。旧柏原町は、自治会の範域に対する愛着と旧町の範域に対しての愛着の強い地域であり、小学校区の範域への愛着の低い地域である[8]。昭和の合併後、やっと1つの町としてなじんできたのに分裂させられる、明治の昔に戻るのはよくないとして、総代会から強い反発があった。

4.2　旧柏原町の自治協議会

　前述のように旧柏原町では、柏原自治協議会と新井自治協議会の2つが設立された。

　柏原地区では、丹波市から総代会に説明があり設立の協議が進められた。地域で活動する諸団体にも呼びかけ、ボランティア連絡会や婦人会、体育振興会、文化協会、まちづくり協議会、株式会社まちづくり柏原、観光協会、PTA、スポーツクラブ21など19団体が参加して、平成18年に発足した。発足当時は、崇広自治協議会という名称であったがなじみがないからと、平成20年に柏原自治協議会と改称している。参加諸団体の代表者は、理事または幹事として自治協議会の運営に参加している。また、部会方式を採用しておらず、事業の内容によって関係する団体が分担していく方法を採用し、柏原自治協議会はこれを円卓方式と呼んでいる。自治協議会の会長は、推薦で選任の後、総会で承認されており、自治会長を兼任していない。なお、活動の特徴として、参加団体の支

援活動が散見される。これらについては後述する。

新井地区では、平成17年に合併後の地域づくりを考えて、自治協議会の現活動推進員が発起人となり当時の自治会長や有志が中心となって振興会が設立された。合併後の新井地区は行政の機関もなく交通も不便な地域であり、他の地区は栄えてもここは寂れるのではないかという危機感、高齢化が進む自治会もあり存続が危ぶまれる、などが設立の理由であった。隣接する旧氷上町の自治振興会を参考にして、地域活性化を進めることを目的とした。地区の特色である里山の風景を美しくしたいと花桃の木を300本、地区のあちこちに植えるなどの活動を実施していた。発起人によると丹波市が、地域づくり交付金交付要綱を進めていたことも、小学校区を範域とした理由であった。この振興会をもとに、平成18年に自治協議会へ組織替えされた。振興会の発起人は、現場での活動がしたいという理由で、活動推進員に立候補して就任している。PTA、子供会、婦人会、ボランティア連絡会、スポーツクラブ21、消防団、体育振興会、新山管理組合など14の諸団体が参加している。自治協議会には、5つの部会があり、交通・青少年部はPTA、体育振興会やスポーツクラブ21が体育部など、諸団体が中心になっている。自治協議会の会長は、推薦で選任され総会で承認されており、自治会長

表-6　旧柏原町の自治協議会の概要（平成21年度）筆者作成

	柏原自治協議会	新井自治協議会
範域	崇広小学校区	新井小学校区
拠点施設	柏原自治会館 指定管理	北山ふれあいセンター 管理委託
活動推進員	1名	2名
発足	平成18年	平成18年
交付金総額	4,254,000	2,604,000
会長	自治会長を兼任せず 推薦にて選任	自治会長を兼任せず 推薦にて選任
規約	有り	有り
自治会数	17	10
自治会以外の参加団体	19団体	14団体
運営	円卓方式	部会方式
自治会長	全員理事	役員（幹事）
支援者	3名	3名
活動 （環境）	地域見回り活動 クリーン作戦（河川） 美しい地域づくり活動支援 ユニバーサル社会づくり 実践地区モデル活動協議会 団体活動支援	見守りパトロール 地域一斉防火訓練 クリーン作戦 地域安全要望活動
（健康）	歩こう会 早起きラジオ体操 健康祭り 元旦マラソン 里山整備活動支援	グラウンドゴルフ大会 囲碁ボール大会 校区住民運動会 史跡巡りウォーキング 地域ぐるみラジオ体操
（教育）	広報紙発行(4回) 児童人権学習支援 街角ウォークラリー ふれあいスポーツ交流 おもしろギネス大会 自治会活動支援事業 たそがれコンサート	広報紙発行(2回) 伝統文化子ども教室 文化創作作品展
イベント分	ふるさと柏原夏祭り	新井地区夏祭り

を兼任していない。

4.3 地域での位置づけ

　それでは、柏原自治協議会、新井自治協議会は、地域にどのように位置づけられているのか。前述したように、丹波市の自治協議会は、自治会が参加団体であるため自治会を通じて自動的加入、世帯加入となっており住民は自治協議会のメンバーとされる。また、小学校区は、重複しないため自治協議会にも排他的地域独占が成立しており、包括的な活動をしている。これを踏まえ、自治協議会は自治会と同様に地域を代表することが可能な包括型の組織であると見なせる。

　柏原自治協議会では、自治協議会がなくても地域の課題は自治会で解決できることが多く、自治会の範囲を超える場合は総代会で処理してきていた。また、地域で活動する諸団体も多いため、いきなり設立された自治協議会が従来の自治会や諸団体の活動に対して、広い範囲を統括する上位組織として主導することは反発がおこる可能性があった。そこで、自治協議会が主導して主催事業を積極的に実施するよりは、自治会や諸団体の従来の活動をサポートすることがよいと考えられ、諸団体間の連携を支援する中間支援団体の役割をしていく選択がされた。**表-6**の活動内容に〇〇支援活動が多いことは、それを示している。そこで、運営においては、担当を明確にする部会方式をとらずに、事業ごとに分担していく円卓方式を採用したと考えられる。なお、自治協議会の設立以前は、自治会長会が中心となって活動していたことに、配慮した可能性もあるだろう。柏原自治協議会の会長は、自治協議会は事業の執行機関であり、地域の合意形成機関は総代会であると言っている。自治会は、自治協議会を構成する内部の組織と言うよりは外部的な組織にみえる。柏原自治協議会は、地域の中間支援団体としての役割をしつつ、小学校区の範囲に対する事業の執行機関として、現在は位置づけられているといえる。

　一方で、新井自治協議会では、自治会の高齢化などに鑑み、自治協議会が率先して主催事業を実施し、主導していく方針が選択された。事業の実施は、諸団体がそれぞれ部会を構成する部会でおこなわれるが、自治協議会としての合意形成は、自治会長と理事、幹事からなる幹事会で行われている。なお理事は

各部会の部長が兼任している。また、旧柏原町全体の総代会はあるが、新井地区のみの総代会は無い。新井地区の自治会は、自治協議会の合意形成を担う存在として位置づけられていると考えられる。つまり、自治会は、自治協議会の内部的な組織という色合いが強い。以上を踏まえるとき、新井自治協議会は、地域の総意をとりまとめる合意形成機関であると同時に事業をする執行機関でもあるという、地域の中心的な組織として位置づけられていると考えられる。

5 代表性と地域自治組織

5.1 地域を代表するのはどの組織か

　自治協議会と総代会の関係から、次に地域の住民代表性について考察をしたい。

　前述のように、柏原地区の合意形成機関は、新井地区の自治会長も参加している総代会であり、柏原地区を代表するのもこの総代会とされている。一方、新井地区では、新井自治協議会が地域の合意形成機関で、実体的正当性をもち新井地区を代表している組織である。

　範域と代表性との関係でみると、総代会は旧柏原町全体を範域としているため、そこで合意形成された意見は、旧柏原町全体の意見であると見なせる。しかし、新井地区では自治協議会の意見が代表意見であり、総代会の意見は必ずしも新井地区の代表意見と考えておらず、総代会を新井地区の合意形成機関としていない。そうすると、総代会の意見は、どこを代表する意見となるのか。柏原自治協議会の範域においては、代表性を認められているため、実質的には柏原地区の意見となるのではないか。つまり、総代会の範域と住民の代表性の不整合が生じている。

　現在の柏原地区の総代会は、柏原地区、新井地区の自治会長により開催されている。市や市全体の自治会長会からの連絡事項、柏原地区と新井地区に共通する課題について議論され、各地区に関する情報交換や交流が行われている。自治協議会の設立前は、柏原夏祭りは旧町全体の事業であり、総代会で議論されていた。しかし、それぞれの自治協議会設立後、新井地区の自治会長達は、柏原夏祭りは自分たちの地区の事業でないと考えるようになり、新井地区でも

夏祭りが実施されるようになった。柏原夏祭りは、柏原地区単独の夏祭りとなり、柏原自治協議会が中心になっている。総代会でも、柏原夏祭りに関する議決は行われなくなり、連絡事項となっている。それぞれの地区の課題は、総代会の場ではなく、それぞれの地区の自治協議会で議論されるように次第に変化している。

　柏原地区では、自治会だけで対処できない問題は、以前は総代会に相談していた。今は、地域の外国人とのトラブルや不法投棄について、自治協議会に相談があり、自治協議会が市や関係機関と連携し取り組んでいる。自治会長から見ると地域の運営主体は、自治協議会と考えられているようである。

　このような点から、実体的な地域の運営主体は柏原地区も自治協議会になってきているとみられる。今のところ柏原地区では、総代会が合意形成機関であり地域を代表する機関であり、自治協議会との役割分担となっている。今後、執行機関と合意形成機関が同じ方がいいとなれば、総代会が徐々に役割を変えていく可能性が考えられる。

5.2　地域づくりと代表性

　丹波市は自治協議会に対して、地域の方針をきめる地域づくり計画を作成することをすすめている。丹波市は、地域づくり計画はその地域の住民の総意によって作成された唯一の地域づくりに関する計画であり、自治協議会のみが提出でき他の組織が提出することはできないとしている。地域づくり計画が自治協議会から出されることは、地域の方針をきめるのは自治協議会であるという意味をもち、自治協議会が地域の合意形成機関として実体的に正当性をもつことを示している。柏原地区の代表機関である総代会は、地域の方針について代表性をもてないことになり、柏原自治協議会が代表機関となる。そうなると代表機関が2つになってしまい、範域が異なるため、どの組織がどの範域の意見を代表するのか住民にとってわかりにくくなることが懸念される。なお、地域づくり計画は、地域づくり交付金交付要綱に定められていないため、形式的正当性があるとは言い難い面はある。

　また、代表性については、議員との関係がある。合併後、議会の議員数が削減され地区の代表としての議員を議会に送れない地域がでている。そこで、住

民にとって、自治協議会は、意見を行政に伝達してくれる組織という意味が生じてくる。これは地域の総意を合意形成して行政に伝えるのは、議員ではなく自治協議会となっていく可能性を示唆している。議員は特定の地域の代表者ではなく、丹波市全体を考える存在へと変化することを期待されている。自治協議会と議会との関係も、検討される必要がでてくるかもしれない。もっとも地域の代表性の問題は、範域の問題だけではない。形式的な正当性を裏付ける制度が必要である。しかし、自治協議会にのみ形式的な正当性を持たせ、その意見のみしか受け付けないとなると、専制的になる恐れもある。実際は、実体的正当性をもつ機関との調整や様々なルートも必要となるだろう。

6　おわりに

　本稿では、新たな範域をもった地域自治組織ができる際にどこが地域の合意形成機関となるか、という問題が生じることを重要課題とした。これは、住民自治において、地域の合意形成が、小学校区や旧町など、どの範域で形成されるのかという問題であり、誰を代表しているのかという根本的な課題に直結するものであった。

　丹波市は、住民自治基本条例の策定を進めている。そこで、自治協議会をどのように位置づけていくのか、地域を代表する機関として形式的正当性をもたせるのかどうか、もたせるならどのようにもたせるのかが課題となる。例えば、自治協議会は地域づくり計画という地域の方針を決めることができるとされているが、現在は総合計画とは無関係であり、住民の総意で作成された地域の方針が、総合計画に反映できるとは限らない。そこで、住民によって作成された地域づくり計画を総合計画に反映させる、何らか整合性を持たせるという政策的な配慮が求められるのではないか。これは、住民参加で総合計画を作成していくことでもある。そのためには、自治協議会の代表が、総合計画の審議会に参加できることや、審議会に自治協議会から意見書を提出できるなどで、政策的な裏付けを持たせることも考えられよう。また、策定が進められている住民自治基本条例において、自治協議会に形式的な正当性を持たせることも検討できるのではないだろうか。

本稿では、旧柏原町での変化に焦点を当てた。丹波市のほかの旧町でもそれぞれ自治協議会が設立されている。他の地区についても、順次調査していき、地域の代表性の状況を全市レベルで検討していきたい。また、柏原自治協議会と新井自治協議会は、設立されてまだ3年である。この先、さらに変化をしていくことが予想されるため、この点についても継続的に調査をし、今後の展開について見極めていきたい。

【注】
1　本稿は、「変動期社会における離島および山村地域への政策課題に関する実証的研究」平成18年度〜平成20年度科学研究費補助金（基盤研究（B）（代表：佛教大学青木康容）によるプロジェクトの成果およびその後の追加調査に基づく。データとして、兵庫県丹波市で行った、心の合併室、各支所、自治協議会、NPOへのヒアリング調査の成果を用い、丹波市によるヒアリング調査に同行した際の知見も含む。
2　地域自治組織の定義は、第27次地方制度調査会の答申による「基礎自治体（市町村）内の一定の区域を単位とし、住民自治の強化や行政と住民との協働の推進などを目的とする組織」とする。答申には、「基礎自治体の一部として事務を分掌するものとする」「また、地域自治組織には事務所を置き、支所、出張所的な機能と地域協議会の庶務を処理する機能を負わせる」とあるため、コミュニティ協議会のような組織では、答申の地域自治組織に該当しない面がある。
3　まちづくり協議会、コミュニティ協議会は、住民自治条例やまちづくり条例での制定による他、補助金制度に基づく例がある。これらの組織は、地域団体も含めた地域を運営する自治組織である。本稿では、これらも地域自治組織と呼ぶ。
4　コミュニティ政策学会第4プロジェクトにより、2007年から2008年にかけて行われたアンケート調査である。詳細は参考文献『コミュニティ政策7』を参照。本稿では包括型組織の定義については、木原の定義とする。
5　明治24年に油良村が幸世村に改称、明治40年に石生村と本郷村の合併で生郷村、大正時代に、町制施行により成松町、佐治町、黒井町となっている。
6　旧市島町と旧氷上町の自治振興会は、そのまま自治協議会に組織替えしている。現在も、自治振興会の名称を使用している自治協議会も存する。
7　丹波市の自治協議会は、基礎自治体内の一定の区域を単位としており、住民自治の強化や行政と住民との協働の推進などを目的として、地域づくりをする組織である。いわゆるコミュニティ協議会、まちづくり協議会と類似のものであり、行政事務を分掌しておらず地方自治法に基づく地域協議会ではない。
8　丹波市による「『丹波市の明日を考えるための調査』報告書」を参照。旧柏原町以外では、愛着を感じる地域の範囲について概ね、自治会は23％〜33％で、小学校区は23％〜31％であった。
　　旧柏原町では、愛着を感じる地域の範囲について、小学校区17.0％に対し、自治会26.9％、旧町31.9％であった。

【参考文献・資料】

新井村誌編纂委員会編　1959年　『新井村誌』　新井村編纂委員会
青垣町誌編纂委員会編　1975年『青垣町誌』　青垣町役場
氷上町誌編纂委員会編　1996年『氷上町誌　第三巻』氷上町役場
氷上郡町村長会編/氷上郡広域行政組合編　1992年『氷上郡町村会誌』　氷上郡町村長会
氷上郡合併協議会　2000年『住民意識調査結果報告書』氷上郡合併協議会
氷上郡合併協議会ホームページ　http://www.city.tamba.hyogo.jp/gappei
市島町誌編纂委員会編　1977年『市島町誌　第一巻』市島町役場
市島町誌編纂委員会編　1995年『市島町誌　第二巻』市島町役場
金井利之　2009年　「自治体内分権と住民自治概念の矮小化」『月刊ガバナンス9月号』(株)ぎょうせい:82-83
春日町誌編纂委員会編　1981年『春日町誌　第三巻』春日町役場
柏原町誌編纂委員会編　1975年　『柏原町誌　第二巻』　柏原町役場
柏原町誌編纂委員会編　1998年　『柏原町誌　第三巻』　柏原町役場
木原勝彬　2009年『「地域自治の仕組みづくり」にかかわるアンケート調査』報告　コミュニティ政策学会編　『コミュニティ政策7』: 77-111
倉沢進　1998年『コミュニティ論』放送大学教育振興会
中田實　2007年　「自治組織とコミュニティ」『ヘスティアとクリオNo5』コミュニティ・自治・歴史研究会 : 5-18
名和田是彦　2007年「近隣政府・自治体内分権と住民自治」羽貝正美編『自治と参加・協働―ローカル・ガバナンスの再構築』学芸出版社:49-74
岡田知弘　2006年「地域づくりと地域自治組織」　岡田知弘・石崎誠也編著『地域自治組織と住民自治』
自治体研究社:13-54
山南町誌編纂委員会編　1988年『山南町誌』　山南町役場
山南町誌編纂委員会編　2002年『山南町誌　第二巻』山南町役場
総務省ホームページ　http://www.soumu.go.jp/
田村雅夫　2009年「変動期社会における離島および山村地域の課題-共同研究枠組みの構成と課題-」
『第82回日本社会学会大会報告要旨集』日本社会学会編:25-26
丹波市　2005年　『丹波市総合計画(平成17年)』丹波市
丹波市ホームページ　http://www.city.tamba.hyogo.jp/
丹波市　2007年『平成19年度地域づくり事業計画概要』丹波市
丹波市　2009年『地域づくりヒアリング内容一覧』丹波市
丹波市　2009年『「丹波市の明日を考えるための調査」報告書』　丹波市

Study about area of neighborhood autonomy organization and representation.
—A case study of neighborhood autonomy council of Tamba city—

Soyo, Matsumoto

Frequency range of the new organization is the concern of the residents involved in consensus building. The neighborhood autonomy council was formed and modeled area school district in Tamba city. Tamba city, Why is not the paradigm of the pre-merger area, why did you choose a range of area school district. Up to that point, I have to uncover the reason, self-governing committee confirmed the paradigm of the autonomous area of Tamba city. I consider the position of regional neighborhood autonomy council in Kaibara. One is enforcement organization, the other is consensus and enforcement organization. Until now, the consensus of inhabitants was the self-governing committee in Kaibara. Here are a range of inconsistencies occurring consensus range of institutions. This study, the frequency range is represented on the policy and community residents, it is important to consider.

―― 自由投稿論文 ――

本論文は複数のレフェリーによる査読を受けたものです。

協働型事業における行政と市民との関係性
―フェニックス市の「落書き・違反広告物除去プログラム」を事例として―

The Relationship between Citizen and Administration in Co-production Projects
—The Case of Graffiti Busters and Sign Abatement Programs in the City of Phoenix—

大分大学博士後期課程　若杉　英治
WAKASUGI, Eiji

―― 要　約 ――

　近年、日本の地域社会では市民の健康で安全な生活を脅かす空き缶・吸殻のポイ捨てや落書きといった環境美化の問題に対して、市民との協働により解決を試みる地方自治体が増加している。
　地域社会の公共的問題を解決する際に市民が行政とともに大きく関わっているアメリカの協働型事業における市民と行政のとの関係性を解明し、日本の事例と比較研究するとは意義のあることと考える。このため本稿は、アメリカのフェニックス市が実施する落書き・違法広告物除去プログラムを事例として、同プログラムに参加する市民に対してアンケート及びインタビュー調査を実施した。
　分析の結果、アメリカの地域社会における協働型事業は組織化された市民主導の団体と行政とにより協働が行われており、市民主導による団体は、行政が用意したプログラムと自らが目指すものが一致すれば、協働が起こりえるのであって、行政から言われたから協働しているわけではないことがわかった。

キーワード　協働　行政　市民　フェニックス市　ネイバーフッド

はじめに

　近年、日本の地域社会では市民[1]の健康で安全な生活を脅かす空き缶・吸殻のポイ捨て、落書きといった問題が顕在化している。こうした環境美化に関する問題は市民にとって最も身近な地域的社会問題でもあることから、日本では市民との協働[2]により解決を試みる地方自治体が増加している。しかし、行政

が積極的に協働を推進するようになってまだ数年しか経っていないことから、協働が単にアウトソーシングの手段になってしまっていたり、形だけの市民参加で終わってしまっていたりするケースも見受けられる。市民にとって市民だけでは解決できない地域の公共的問題を行政の協力の下で実施でき、行政にとっても結果として慢性的な財政不足を市民との協力により補うことが出来る協働型事業が効果的なものとなるためには、市民と行政のとの関係性が深くかかわっている。

　筆者は、大分市が実施する「大分市路上違反広告物除却推進員制度」に参加する団体に対して活動実態を調査し分析を行った。その結果、すべての団体が地域における継続的な人間関係や地域組織を媒介としていたことから、日本の地域社会において行われている協働型事業は依然として地縁に負うところが大きいとの結論にいたった[3]。

　それに対して、地域社会の公共的問題を解決する際に市民が行政とともに大きく関わっているアメリカにおいて実施されている協働型事業における市民と行政のとの関係性を解明し、日本の事例と比較研究することは意義のあることと考える。そこで、アメリカのフェニックス市が実施する「落書き・違法広告物除去プログラム（Graffiti Busters and Sign Abatement Programs）」を事例として、同プログラムに参加する市民に対してアンケート並びにインタビューによる調査を実施した。

　本稿は、同調査結果をもとに市民の参加意識に着目し、それを行政と市民との関係性を分析するモデルを用いて検証を行うことにより、今後、日本でも広がりが予想される協働型事業の取組みの参考となる知見を得ることを目的としている。

1　既往の研究と本研究の方法

　1970年代以降、アメリカの都市部では落書きが犯罪や失業の増加とともに深刻な社会問題となってきた。特に、ギャングの縄張りを示すとされる「タギング（tagging）」といわれる落書きは、犯罪が発生する誘因となっている。さらに、落書きがヒップホップ文化の一部であることから子供や若者が落書きを安易に

行うという傾向も見られる。

　そのため、こうした落書きといった軽犯罪であってもそのまま放置しておくと、その建物は管理されていないと認識され、落書きはますます増え、さらに地域全体が荒れていくという割れ窓理論（Broken Windows Theory）が主張されるようになった[4]。

　また、シカゴにおいて警察と地域住民との関係が悪化したことにより犯罪が増加した原因を研究していた政治経済学者のエリノア・オストロム（Elinor Ostrom）は、その際に、教育やインフラ整備といった公共サービスを行政側から一方的に供給し市民が単に消費するのではなく、市民が公共サービスの生産者となりえるといった「協働」の考えから、ブラジルの貧民街で下水道システムやリサイクルシステムの構築などに取り組んだ。その結果、市民のボランティア活動により効率的な行政サービスが提供できることを証明した[5]。

　1990年代以降、アメリカの各都市では落書き対策プログラムを実施しているが、プログラムの内容は、落書きを見つけたらすぐに通報できるようにホットラインを開設し、通報があってから24時間から48時間以内に除去することを目標としている。さらに、市民からの落書きに関する通報、市民への落書き問題の周知（教育）、用具の貸与などである。こうした背景には、割れ窓理論で証明されたように落書き対策にはスピードが大切であることや市民との協働により効率的な行政運営が可能となるといった協働の考え方がある。

　一方、アメリカにおいて行政と市民との協働に関する先行研究の中で行政サービスの効率化を目的としたものではなく、市民活動の重要性に着目した研究として、NPOと政府との関係について考察を行ったE.T.ボリス・C.E.スターリの研究がある。E.T.ボリス・C.E.スターリは、社会の価値観や規範を公共の意思決定にもたらすNPOの役割と責任の大きさや行政とのパートナーシップの重要性に言及している。同様に、行政が都市をマネジメントする際にはコミュニティグループによるボランタリーな活動が地域社会の様々な問題解決の有効な手段となり得ると論じたデビッド・ベイト等、行政はコミュニティグループと協働しなければ都市の発展はありえないと主張するロバート・アグラノフ等、さらには、アーン・ガドット等による地方自治体への市民参加とマネジメントに関する方法とその有効性について論じた研究がある。

以上のように、行政と市民との協働は、単に行政サービスの効率化を目的としたコスト削減のための手段としてだけではなく、現在では都市のガバナンスにとって重要な手段として認識されている。

日本におけるアメリカの行政と市民との関係についての研究としては、文部科学省によるアメリカのコミュニティ協議会の実態についての調査報告書、前山総一郎によるアメリカにおけるコミュニティ自治の実態を分析し、市民の公共参加による新しいコミュニティ自治を目指した研究が認められる。

筆者は、本研究を行うにあたって予備調査として2008年1月に、アメリカアリゾナ州フェニックス市における環境美化活動の取組みについて調査した[6]。調査の結果、同市では市民との協働により環境美化活動や落書きの除去に取組んでいることがわかった。同市は、落書きに対する苦情件数が増加していることから、1990年に市民との協働により落書きを除去することを目的としたプログラムをスタートさせた。そこで、同プログラムに参加する68団体に対してアンケートを実施し[7]、さらに、2009年9月に回答のあった16団体のうち5団体について、事例研究を行う目的でインタビュー調査を実施した。

これまで行政と市民とが協働する際にどういった市民が行政と協働しているのかを事例研究をもとにアンケートやインタビュー調査により検証を試みた研究は皆無である。

2 アメリカフェニックス市の事例分析
2.1 フェニックス市落書き・違法広告物除去プログラムの実施状況

同市では、道路上、交通標識、電柱、中央分離帯、さらには歩道から2.5フィートまでの区域に掲出された屋外広告物については、交通の妨げとなることから違反広告物として取り扱うことを同市憲章で規定している。また、違反広告物を掲出した者に対しては250ドルから2,500ドルの罰金が科せられる。こうした違反広告物の除去は道路上で行われるため、安全上の問題により同市憲章では市民が直接違反広告物を除去することを禁止している。そのため、違反広告物の除去については職員のみで行っている。

落書き除去については、通報を受けてから48時間以内に落書きを除去するこ

とを目指しており、職員が直接除去するだけでなく、市民と協働で実施することにより市内から落書きを一掃することを目標としている。なお、道路上や公共施設に描かれた落書きについては主に職員が対応しているが、同市再生課にあらかじめ登録している団体であれば地域の環境を改善するための用具(たとえば、ペイントスプレー、除草機、ペイントローラー、ブラシ、バケツ、シャベル、一輪車など)を無料で貸してくれる制度がある。そこで、各団体は市が倉庫に保管してある用具を取りに行くことができるだけでなく、落書きバスターズと呼ばれる同市の担当者が直接配達もしてくれる。但し、使用にあたっては市が主催する無料の講習を受け用具の使い方をマスターした上で使用することとなるが、講習会は落書きバスターズが各地域で随時開催している。

2.2 フェニックス市役所と市民との協働事業実施の概要

本稿が事例としているフェニックス市では、市内を8つの市議会地区(City Council Districts)に分けているが、各地区から選出された市議会議員が市民との協働型事業を行う上で重要な役割を担っている。

同市では協働型事業を実施するためネイバーフッド(Neighborhood)[8]の組織化を積極的に推進しているが、その際に登録窓口となっているのが市議会により設置されたネイバーフッド届出局(Neighborhood Notification Office)で、ネ

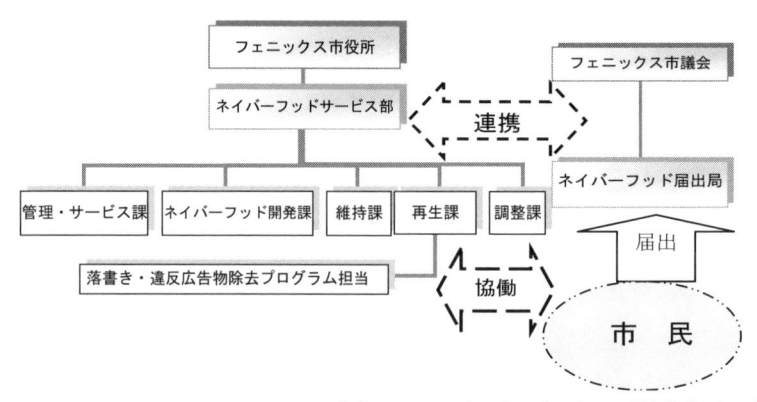

出典：フェニックス市のホームページを参考にして筆者作成

図-1　フェニックス市における協働型事業実施の概要図

イバーフッド・アソシエーション(Neighborhood Association)やブロック・ウオッチ(Block Watch)といった団体の届出の受付を行うほか、市内に存在する各団体のネットワーク化の推進やフェニックス市のコミュニティ広報誌(Neighborhood News)の配布など、市民活動におけるコーディネート的な役割を果たしている(図-1)。

ネイバーフッド届出局には合部で1,066団体(2009年)登録されており、ネイバーフッド・アソシエーション、ブロック・ウオッチ、学校、協会、NPO、企業、HOA(Home Owners Association)、ファイト・バック(Fight Back)の8つに分類されている[9]。

このうち、ネイバーフッド・アソシエーションの活動内容としては、ネイバーフッド内の開発や治安維持、資金調達活動、住民への融資や奨学金の交付、歴史的建造物やまちなみ景観の保存などである。こうした活動財源は、会員からの会費(年間10ドル程度が主流)や個人・各種団体からの寄附のほか、連邦政府・州政府・地方公共団体からの補助金、民間基金や民間団体からの補助金などである[10]。ブロック・ウオッチは地域の防犯活動を行う団体で、ネイバーフッド・アソシエーションが行う活動の1つを指している場合もある。HOAは、アメリカの州法により規定される制度で、街の魅力の維持を意図して設立される住宅所有者による管理組織であり、その多くはNPOである[11]。ファイト・バックは、フェニックス市議会によって犯罪の減少を目的として決められた地域に設立された団体で、同市の職員と一緒になって地域内の安全と犯罪防止のための活動を行っている[12]。こうした団体は、ネイバーフッド届出局に届け出ることで同市から資金、人材、資材など様々な支援を受けることが出来るのである。

2.3 行政と協働する市民の類型と分析モデル

落書き・違法広告物除去プログラムには、68団体が参加しているが、これを分類すると半数がネイバーフッド・アソシエーションであることがわかった[13](図-2)。

本稿は、行政と市民との関係性を明らかにすることを目的としていることから、各団体の組織性と主体性に着目し、①ボランタリー・アソシエーション(組織・市民主導)②行政主導型アソシエーション(組織・行政主導)③ボランタリー・

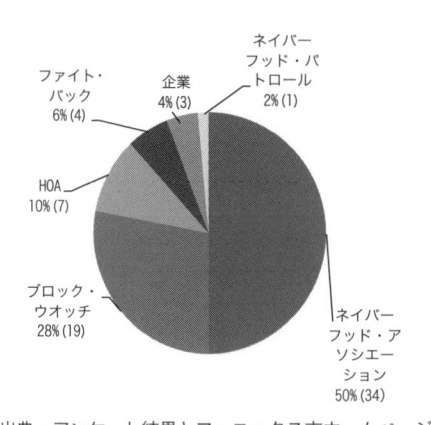

出典：アンケート結果とフェニックス市ホームページを参考にして筆者作成

図-2 フェニックス市落書き・違法広告物除去プログラムに参加する団体

筆者作成

図-3 行政と市民との関係性を分析するモデル

ネットワーク(非組織・市民主体)④行政主導型ネットワーク(非組織・行政主導)の4つに分類したうえで、市民の組織化と協働型事業の主体という2つの軸の組み合わせにより行政と市民との関係性について分析を行うこととする(**図-3**)。

3 協働型事業に参加する市民の意識―アンケートの分析

3.1 アンケートの実施概要と分析方法の枠組み

　調査方法は、フェニックス市と協働で活動している団体の代表者に対して調査票を電子メールと郵便で送付した。調査内容は、日本で実施されている協働型事業の事例と比較検証を行うため、大分市路上違反広告物除却推進員制度に参加する団体に対し実施したアンケートと同様な内容となっている[14]。質問項目は活動状況についての項目と制度の効果や問題点についての質問で、多項選択による方法と選択した理由、さらには自由回答質問により構成されている。アンケート結果で得られたサンプル数は16団体と少ないことから、多項選択質問のみで統計的な分析を行うのは困難であると考えられる。そこで、記述方式にて回答されている自由回答欄についてもコーディングを行い、できるだけ定

表-1 各団体の活動に参加する年齢層

	ネイバーフッド・アソシエーション	ブロック・ウオッチ	ファイト・バック	HOA	企業
回答団体数	8	5	1	1	1
活動する回数の最も多い年齢層	20歳以下(2) 20歳代(3) 50歳代(2) 70歳代(1)	20歳以下(2) 20歳代(1) 50歳代(2)	30歳代	40歳代	40歳代(1) 50歳代(1) 70歳代(1)
	※( )は団体数	※( )は団体数			※( )は活動者数

出典：アンケート結果

量的に解明することを試みることとする。

なお、回答のあった16団体(回収率23.5％)の内訳は**表-1**のとおりである。これによると、ネイバーフッド・アソシエーションやブロック・ウオッチといった団体では活動に参加する市民の年齢は20歳前後の若者が多いことがわかる。

3.2 各団体の活動実態

表-2は各団体の活動回数を比較したものである。このうち、ファイト・バックはもともと犯罪防止を目的として設立された団体であり、落書きは犯罪の誘発となるものであることから取組みがなされている。しかしながら、ネイバーフッド・アソシエーションやブロック・ウオッチといった団体では、必ずしも違反広告物や落書きの除去を行っていない団体もある。ただ、こうした団体であっても、地域内に落書き等を見つければ市へ通報は行っている。また、HOAは住宅所有者により組織された団体であり、その設立目的は地域の安全、環境美化による住環境の向上で、ネイバーフッド・アソシエーションの活動と類似しているからであろう。なお、企業は毎月定期的な活動を行っている。

表-2 年間活動回数

	ネイバーフッド・アソシエーション	ブロック・ウオッチ	ファイト・バック	HOA	企業
回答団体数	8	5	1	1	1
年間活動回数	0回 (4) 2回 (1) 4回 (1) 6回 (2)	0回 (4) 3回 (1)	4回	2回	40回
	※( )は団体数	※( )は団体数			

出典：アンケート結果

3.3 満足感や達成感

活動を通して満足感や達成感を感じているかとの問いに対しては、すべての団体が感じていると回答している。そこで、具体的にどういったことに関して満足感や達成感を感じているのかについて、回答のあった記述式の理由を、①環境美化(地域がきれいになる)②地域活動(地域の人々との交流)③犯罪防止(安全な生活ができる)④自己満足(活動することが楽しい)の4つの項目でコーディングを行った結果が図-4である。この図からネイバーフッド・アソシエーションは、落書きや違反広告物の除去活動を地域活動や環境美化活動の一環として捉えていること、また、ブロック・ウオッチは除去活動が犯罪防止に繋がることにより達成感を得ていることがわかる。

3.4 活動の効果

次に、活動効果の理由についての分析であるが、ネイバーフッド・アソシエーションは特に無いと回答したのが2団体あった。効果があったと回答した理由の多くは、地域に目が向くようになったことを挙げている(表-3)。

さらに、活動によって違反広告物や落書きに目が向けられるようになったのはもちろん、自分たちで様々な問題を解決しようという範域意識も生まれている。ブロック・ウオッチも同様に地域内の安全や環境美化に目が向けられるよ

※ネイバーフッド・アソシエーションについては、複数回答あり
出典：アンケート結果をもとに筆者作成

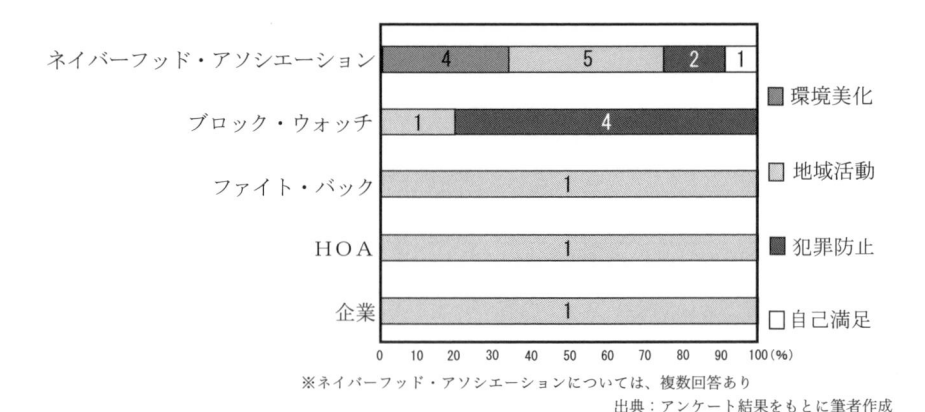

図-4　満足感や達成感を感じる理由

表－3　活動効果の理由

	ネイバーフッド・アソシエーション	ブロック・ウオッチ	ファイト・バック	HOA	企業
理由	地域の人々が違反広告物や落書きに目を向けるようになった。(1) 市との協働により様々な問題を解決できることがわかった。(1) 人々の交流が盛んになった。(1) 地域がきれいになった。(1) 自分たちで地域がきれいになることに気づかされた。(2) 特に無し。(2)	地域に目が向くようになった。(1) 地域が安全になった。(1) 人々の交流が盛んになった。(1) 自分たちで安全な地域に出来ることに気づかされた。(2) 自分たちで地域がきれいになることに気づかされた。(2) 特に無し。(1)	市との協力体制が確立され、人々の交流が盛んになった。	自分たちで安全な地域に出来ることに気づかされた。	自分の地域を見直すことが出来た。
	※( )は団体数	※( )は団体数			

※ブロック・ウオッチついては、複数回答あり　　　　　　　　出典：アンケート結果をもとに筆者作成

うになっている。

3.5　活動に関する問題点

次に、活動にあたってどういった問題点があるかという質問に対しての回答を①参加人数が少ない、②市からの支援が不十分、③無し、④違反広告物が多い、⑤ガイドラインを守らないボランティアがいるの5つの項目でコーディングを行いグラフ化したのが図-5である。

ネイバーフッド・アソシエーションでは問題点は無いと回答した団体が半数以上あったが、ブロック・ウォッチでは参加人数が少ないと回答した団体が最

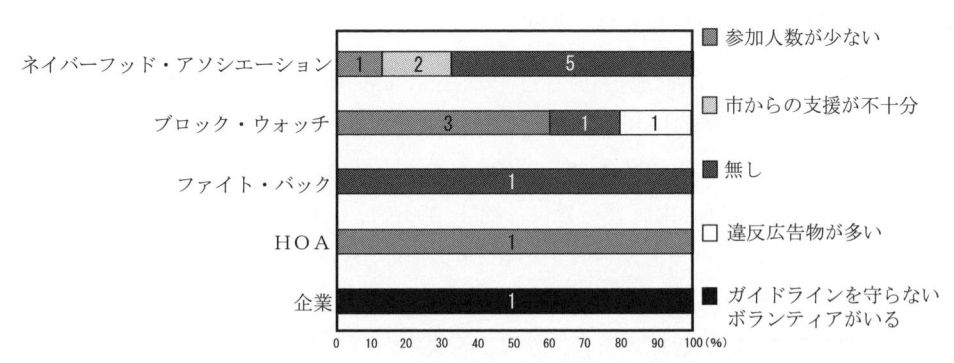

ネイバーフッド・アソシエーションについては、複数回答あり
出典：アンケート結果をもとに筆者作成

図－5　活動に関する問題点

も多くなっていた。また、市からの支援が不十分といった行政に対する不満がネイバーフッド・アソシエーションから挙げられていた。

4 協働型事業に参加する市民──インタビュー調査による事例分析
4.1 インタビュー調査の実施概要と分析方法の枠組み

フェニックス市と協働で活動している団体の代表者に対して行ったアンケート結果からは、ネイバーフッド・アソシエーションやブロック・ウオッチといった団体が行政からの呼びかけに応じて落書き・違反広告物除去プログラムへ参加したのか、自らの意思により協力・連携しているのかの把握が困難なことから、回答のあったすべての団体について、インタビュー調査実施の依頼を行うこととした。その結果、2009年9月5日から8日までに5団体について半構造化調査方法によるインタビューを行うことが出来た。質問項目については、アンケート調査票とほぼ同様であるが、分析モデル(図-3)の「協働型事業の主体」を明らかにすることを目的としていることから、各団体の設立経緯や活動実態をより詳細にインタビューしている。

本稿では、5団体のうち、Sunnyslope Village AllianceとSouth Mountain Village Clean & Beautifulについて事例として取り上げる。なお、調査対象者は共に各団体の代表者である。

4.2 Sunnyslope Village Alliance

「日当たりの良い傾斜地」という意味のSunnyslope地区は、フェニックス市の北部に位置し、面積約104km^2、人口約51,000人を有している。同地区は、フェニックス市のビジネス地区に通じる道路が数多く通っており、交通の要となっていることから1日の車両通行量は、約65,000台にも上る。同地区の歴史は古く、アリゾナ地域が州となる以前の100年以上前から貧しい人々が、ただ同然のこの土地にテントやコテージを設置して住み始めたのが最初であった。その後、1920年代に試掘者、入植者、作家、音楽家といった人々がそれぞれコミュニティを形成した。こうしたコミュニティは独立心が強かったことから、フェニックス市に合併されたのは1959年になってのことであった。

Sunnyslope Villageは、同地区で100年以上の歴史を有すコミュニティの1つで、市民生活に関心が強く、市民の生活環境の改善のために活発に活動していた。1989年にフェニックス市の呼びかけに応じ、20名のボランティアによりSunnyslope Village Alliance（以下、「SVA」という）を設立した。設立の主な目的は住民や当地区で働く人々の生活環境の向上である（**写真-1**）。

出典：SVA ホームページ
写真-1　ボランティアによる清掃活動

現在、同地区内でSVAに加入している住民は、全部で約400世帯である。

SVAは、毎月1回、カウンティ、州、市の担当者と情報交換のための会議を開催し、また、同地区がある市議会地区から選出されている市議会議員は、毎週1回、同地区内の様々な場所で地域住民と話し合っている。さらに、フェニックス市からは活動拠点となる事務所の建設費用や活動資金などの支援を受けている。

SVAは、落書き・違法広告物除去プログラムを同市との協働で実施している。たとえば、同地区内で落書きが頻繁に描かれる場所にフラッシュ付カメラを設置するために同市から資金を得ている。カメラを設置する際に、個人の所有地に設置する場合には承諾書を提出するようにしている。落書き行為を撮影した場合にはフェニックス市警察に送られることになるが、同地区内で落書きを見つけたらすぐに市のホットラインかSVAへ連絡するよう広報誌等を通して住民にも呼びかけている。さらに、地区内の中学生と一緒になって落書きを除去する活動を行っており、落書きが犯罪であることについての教育活動を実施している。こうした活動により同地区内における落書きは減少傾向にある。

SVAは、落書き・違法広告物除去プログラム以外にも様々な活動を行っている。たとえば、コミュニティ・クリーンアッププロジェクト、ブロック・ウオッチ、広報誌の発行などであるが、こうした活動を行う際の資金は、フェニックス市からだけでなく、州、警察、学校、企業などから得ている。

4.3 South Mountain Village Clean & Beautiful

　South Mountain Village地区は、フェニックス市の南部に位置し、面積約103km^2、人口約92,000人を有している。当地区内にあるサウスマウンテン(South Mountain)公園はアメリカ最大の市営公園で、毎年300万人以上の観光客が訪れており、アリゾナ州ではグランドキャニオンに次いで多い。

　South Mountain Village Clean & Beautiful(以下、「SMVC&B」という)は、美しい自然の残る同地区の環境美化と犯罪防止を目的に、NPO、商工会議所、学校、地元企業、政府関係機関等により構成された団体で、1997年に設立された。フェニックス市との協働により落書き・違法広告物除去プログラム、公園の管理、ゴミの減量等に取り組んでいるだけでなく、Keep Phoenix Beautiful[15]との協働による環境美化活動、学校や警察との協働によるボランティア活動の実施など様々な活動行っている(**写真-2**)。

　SMVC&Bが毎年、7、8回実施する清掃活動には、フェニックス市の職員、地区内のボランティア、労働者、学生等だけでなく地区外のボランティアも参加している。さらには、裁判所から地域で奉仕活動をするように命じられた犯罪者や非行少年の更正プログラムの一環として若者のボランティア活動の受け皿になるなど犯罪防止を目的とした清掃活動も行っている。参加者には、水、手袋、マスク、ゴミ袋といった清掃に必要な用具だけでなく、活動の前後には食事も提供している。こうした費用は、州や市からの補助金以外に、構成メンバーとなっている企業からの補助金で賄われている。さらに、ブロック・ウオッチやネイバーフッド・アソシエーションといった団体をいかに運営し、地域住民を清掃活動へ参加させるかについて助言や指導も行っている。

　SMVC&B代表者の話によると、清掃活動により市民の意識が変わってきたという。それは、行政がゴミ拾いや落書きを除去しても一過性で終わって

出典：SMVC&Bホームページ
写真-2 ボランティアによる清掃活動

しまっており、市民の目が向かず市民活動が起こらない。自分たちで除去することで初めてそれを意識することになるという。さらに、SMVC&Bの目標は地区がきれいになることはもちろんであるが、清掃活動を行うことが犯罪防止にも効果があることや地区内の市民活動が活発になることである。そこで、多くのボランティアに清掃活動に参加させるため、英語やスペイン語により地域住民と話し合いを行い、積極的に参加するよう呼びかけを行っている。しかしながら、未だ地区内の約30％の住民が参加しているのみであり、今後、参加者をいかに増やしていくかが課題となっている。

5 分析結果と考察

　フェニックス市の落書き・違反広告物除去プログラムは、市民との協働により実施していることから市民活動を推進する部局が事業を主管しているが、落書きは犯罪でもあるため、同市の警察部局と密接に連携しながら実施されている。一方、大分市が実施する路上違反広告物除却推進員制度を主管する課は、市民協働担当部局ではなく屋外広告物を主管する都市計画課で、行政機関が異なる警察との連携はあまりなされていない。しかしながら、両市とも市民との協働により事業を実施することで市民の目が落書きや違反広告物に向くようになり、市民自らが除去しなくとも見つけたら通報することにより抑止効果も期待できる。

　また、フェニックス市のネイバーフッド・アソシエーションは落書きや違反広告物の除去活動を通じて地域内の犯罪防止や親睦活動といった目的も併せ持っている点で、日本の自治会や町内会と共通点も多くある。しかし、自治会や町内会は行政の呼びかけがあったことや自らが自治会の役員であるという一種の義務感から参加を決めている[16]のに対し、ネイバーフッド・アソシエーションは、行政が提示したプログラムと自らが目指すものが一致して初めて協働することを決めている。そのため、フェニックス市が実施するプログラムだけでなく、アリゾナ州や全国規模のNPOなどとも協働している。

　そこで、アメリカにおける市民と行政との関係性についてモデルを使って分析を行うと図-6で示したように、地域の犯罪防止を目的に行政主導により組織

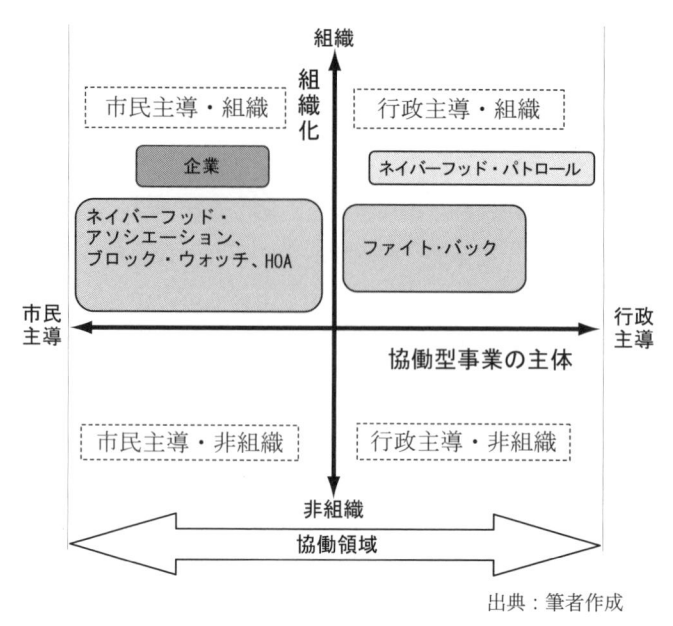

出典：筆者作成
図-6　調査結果から得られた行政と市民との関係性

されたファイト・バックと行政組織の一部であるネイバーフッド・パトロール以外の団体は、すべて市民主導・組織に分類される[17]。市民主導・組織に属する団体は、さらに業務と関連したボランティア活動として行う会社組織と地域における継続的な人間関係から形成された地域組織とに分類される。日本の地域社会において協働型事業は、行政からの呼びかけに応じた自治会や町内会といった地域組織と行政とが協力・連携して実施されている[18]が、アメリカでは、組織化された市民の主体的な活動により実施されているという点で違いが見られる。

　こうした背景には、日本ではごみ拾いは清掃関連部局、違反広告物の除去は都市計画関連部局というように縦割り行政の下でバラバラに実施されることが多いが、フェニックス市では市民のコミュニティ活動の推進を担当する部局が包括的なプログラムを実施することで市民との協働を容易にしていることが要因として考えられる。さらに、アメリカでは、地方公共団体が市民の発意に基づいて設置されること[19]や住民自らが自治体憲章を起草するなど、市民が地域の公共的な活動に主体的に関わっているなど歴史的背景があると考えられる。

大内は、こうしたアメリカの市民社会を「陣取り」と表現している。つまり、広い荒野の中に自分の好きな土地を選んで囲い、そこが自分の街だと自分で宣言する。それに対して、村が合併して町になり、町を合併して市になり、市の上に県があり、初めから陣取りの余地がまったくない日本とは市民の政府観が違っているという[20]。

　アメリカにおいて、行政は地域の問題を解決する際に一定の役割を果たしてはいるものの、行政だけでなく多様な組織が協働して解決にあたっているという実態が明らかとなった。

　しかし、本稿における分析で注意しておかなければいけないことは、同プログラムが募集の段階で組織された市民のみを対象とするものであったことから非組織の市民との協働についての検証が行われていないままであるということだ[21]。この点については、2009年7月からフェニックス市では個人との協働型事業である「ブライトバスターズ・ボランティアプログラム（Blight Busters volunteer Program）」[22]を実施することとなったばかりであることから非組織の市民と行政との協働についての検証は今後の課題といたしたい。

おわりに

　フェニックス市はアメリカで効率的な行政運営をしている都市として知られており、市民との協働により様々な事業を実施していることで高い評価を受けている。たとえば、本稿で事例として取り上げた落書き・違法広告物除去プログラムは2009年にネイバーフッズUSA（Neighborhoods, USA）[23]が実施したベストネイバーフッドプログラム賞（Best Neighborhood Program Awards）の環境改善・美化部門で第1位となった。また、同市が実施しているグッドネイバープログラム（Good Neighbor program）[24]も社会環境改善・ネイバーフッド部門の第3位となっている。

　おわりに、本調査の遂行にあたり、フェニックス市の落書き・違反広告物除去プログラム担当者をはじめ、多くの方々に大変お世話になったことをここに記して謝辞を表する。

　なお、本調査は、文部科学省日本学術振興会の科学研究費の補助を受けて実

施したものである。

【注】

1　本稿で「市民」という場合、出来るだけ広範囲な視点で市民をとらえている。そのため、市民が主体的に参加している団体(たとえば、ボランティア団体、NPO、企業など)という意味も含んでいる。
2　本稿では、協働を「何らかの参加意識を持った市民と行政とが、地域に存在する公共的問題に対して相互に理解し、問題解決のために相互に信頼し、連携・協力し合う活動体系である」と定義する。日本における協働概念の展開については、若杉(2009b)を参照。
3　若杉(2008a)、pp.73-84
4　落書きといった行為は小さな犯罪ではあるがこれを放置しておくと犯罪が多発し治安が悪くなり、そのうち警察や住民の監視が行き届いていない場所であると判断されることで、より凶悪な犯罪者が寄りつくようになり犯罪がエスカレートし、やがて殺人などの凶悪犯罪が発生するとする環境犯罪学上の理論である。
5　Ostrom, Vincent and Elinor Ostrom(1977)、pp.7-49
6　フェニック市の落書き・違反広告物除去プログラムの担当者へインタビューによる調査を行った。調査結果については、若杉(2008b)を参照。
7　調査期間は2009年4月から6月である。
8　文部科学省の報告書によると、日本で一般的に地方公共団体の圏域内におけるより小さい単位での住民のまとまりを意味する「コミュニティ」という用語は、米国ではシティやタウンなどの地方公共団体全域を指すことが多く、概ね小中学校を中心とした5,000人から2万人程度の地区のまとまりを指す「ネイバーフッド」の方が日本でいう「コミュニティ」と近い概念であると説明している。また、前山も「コミュニティ」は市全体を指す場合が多く、市の各地区については「ネイバーフッド」と呼ぶ場合が多く、だいたい商店街をかかえている地区とそこに住む人々の有機的なまとまりであり、日本の中学校区に相当する程度の規模だという。
9　ネイバーフッド届出局に届ける際に活動内容を記入するようになっている。
10　文部科学省ホームページ。
11　国土交通省ホームページ。
12　フェニックス市ホームページ。
13　団体によっては、いくつかの活動を行っているためどれか1つに分類するのが難しいが、包括的な地縁団体であれば、ネイバーフッド・アソシエーションに分類している。
14　大分市路上違反広告物除却推進員制度に参加する団体に対して行ったアンケート結果の分析と考察については、若杉(2009a)を参照。
15　全国規模のNPO組織であるKeep America Beautifulの支部として、1982年からごみ減量やリサイクルといった環境美化活動を行っている。
16　若杉(2009a)、p.164
17　市民主導か行政主導かついては、アンケート結果とインタビュー調査により判断している。

18　若杉(2009a)、p. 169
19　若田(1988)は、反対運動の末、1983年に誕生したカリフォルニア州のイースト・パロアルト市の誕生までの経過を記述している。
20　大内(2009)、pp. 58-60
21　大分市が実施したアンケートによると、市民主導による非組織の市民が環境美化活動を通じて個人的な達成感を得ているという結果を得ている。詳しくは、若杉(2009a)を参照。
22　フェニックス市では、2009年の落書き・違反広告物除去プログラムの予算が20％削減されたことから、市職員だけでは同プログラムの実施が困難となり、ボランティアによる落書き・違反広告物の除去を行うことした。こうしたボランティアは「ブライトバスターズ」と呼ばれ、落書き除去の技術や違反広告物かどうかの判断といった講習を受けた後に活動することとなるが、2009年6月11日に最初の修了生22名が誕生している。
23　1975年に設立した全国規模のNPO組織で、ネイバーフッドの組織化、ネイバーフッド組織や行政組織への情報の提供といった役割を果たしている。
24　近隣の人々との交流促進により生活をより豊かにしようとするもので、ネイバーフッド・アソシエーションの設立や地域活動への積極的な参加を促す。

【参考文献】

David T. Beito, Peter Gordon, and Alexander Tabarrok, 2002. "The voluntary city: choice, community, and civil society" *Independent Institute*

E. T. ボリス・C. E. スターリ、1999＝2007、上野真城子・山内直人訳『NPOと政府』ミネルヴァ書房

Eran Vigoda-Gadot, Aaron Cohen, 2004. "Citizenship and management in public administration: integrating behavioral theories and managerial thinking" *E. Elgar*

フェニック市ホームページ、2009年5月12日、(http://www.phoenix.gov/index.html#a1)

日本都市センター編、2004、『近隣自治の仕組みと近隣政府―多様で主体的なコミュニティの形成をめざして―』

G. L. ケリング・C. M. コールズ、2004、小宮信夫監訳・大塚尚ほか訳、『割れ窓理論による犯罪防止　コミュニティの安全をどう確保するか』文化書房博文社

自治体国際化協会編、2003、『米国のコミュニティ協議会(ネイバーフッド協議会／近隣協議会)』CLAIR REPORT, No.247

Keep Phoenix Beautifulホームページ、2009年11月1日、(http://www.keepphxbeautiful.org/)

国土交通省ホームページ、2009年4月29日、齊藤広子「エリアマネジメントの課題と展望～住宅地を中心に～」、(http://tochi.mlit.go.jp/tocsei/areamanagement_symposium/symposium7.pdf#search)

James Q. Wilson and George L. Kelling, 1982. "Broken Windows: The police and neighborhood safety", *The Atlantic Monthly*, Vol.249, No.3, pp.29-38

前山総一郎、2004、『アメリカのコミュニティ自治』南窓社

前山総一郎、2006、「アメリカにおける『ネイバーフッドカウンシル』の構築」コミュニティ

政策学会編『コミュニティ政策4』東信堂
文部科学省ホームページ、2009年4月29日、「米国における地域コミュニティ形成の歴史的経緯と地域経営主体について」、(http://www.mext.go.jp/a_menu/shougai/chiiki/chousa/06051210/005.htm)
ネイバーフッズUSAホームページ、2009年11月1日、(http://www.nusa.org/index.htm)
Ostrom, Vincent and Elinor Ostrom, 1977. "Public Goods and Public Choices", in E. S. Savas, *Alternatives for Delivering Public Services: Toward Improved Performance*, Boulder, CO, Westview Press
大内田鶴子、2009、「市民社会と創造的コミュニティ～エルトン・ゲートウッド基調講演における市民社会論～」コミュニティ政策学会編『コミュニティ政策7』東信堂
Robert Agranoff and Michael McGuire, 2003. "Collaborative public management: new strategies for local governments" *Georgetown University*
Russell M. Linden, 2002. "Working across boundaries: making collaboration work in government and nonprofit organizations" *Jossey-Bass*
若杉英治、2008a、「協働型市民参加の実態分析と今後の課題―大分市路上違反広告物除却推進員制度を事例として―」『地方自治研究』Vol.23、No.1
若杉英治、2008b、「アメリカにおける環境美化活動の取組みについてのケーススタディ―オハイオ州コロンバス市とアリゾナ州フェニックス市を事例として」『地域開発』Vol.524
若杉英治、2009a、「地方自治体による協働型事業の実施と市民参加」『都市社会研究』No.1
若杉英治、2009b、「『市民と行政との協働概念』の展開―市民参加論とガバナンス論の視点から―」、『地方自治研究』Vol.24、No.1
若田恭二、1988、『草の根のアメリカ政治』時事通信社

The Relationship between Citizen and Administration in Co-production Projects
: The Case of Graffiti Busters and Sign Abatement Programs in the City of Phoenix

WAKASUGI, Eiji

Abstract

In recent years, in Japanese communities, the number of local governments which try solution by collaborating with citizens is increasing, to solve the problems of environmental beautification such as the toss of empty cans, cigarette end, and graffiti which threaten the healthy and safe lives of citizens.

It is meaningful to clarify the relationship between citizen and administration in co-production projects in the United States where the citizens are greatly related when a public problem of the regional society is solved with the administration, and to make a comparative study with an example of Japan. For this reason, this paper conducted a questionnaire and interview investigation to the citizens who participated in the program of removing illegal advertisements and cleaning graffiti carried out by city of Phoenix, the United States.

As a result of analysis, as for the co-production projects in American communities, the collaboration is performed by organized civic leadership groups and administration. When the program which administration prepared fits the aims of the civic leadership groups, the collaboration happens. It is understood that citizens have not necessarily collaborated just because it is said by administration.

Keywords：Co-production, Administration, Citizen, City of Phoenix, Neighborhood

> コミュニティ政策学会第8回大会　プログラム
> ## 地域コミュニティの再生と住民、自治体の課題
>
> 会　期：2009年7月4日(土)・5日(日)
> 会　場：サンポートホール高松
> 主　催：コミュニティ政策学会
> 共　催：高松市コミュニティ協議会連合会
> 後　援：高松市

プログラム

大会1日目　7月4日(土)午後

・総会：13時～14時
■基調講演：「広がるコミュニティへの政策的関心～近年の地域社会、自治体、国の動向から～」名和田　是彦(法政大学法学部教授・第29次地方制度調査会委員)
■鼎談：「地域コミュニティの再生と住民、自治体の課題」
　　　鼎談者　津村　重光　宮崎市長
　　　　　　　亀井　利克　名張市長
　　　　　　　大西　秀人　高松市長
　　　コーディネーター　林　泰義(コミュニティ政策学会副会長)
・懇親会：18時～20時

大会第2日目　7月5日(日)午前

■第1分科会「シティズンシップの醸成」
　　司会・コメンテーター　大内　田鶴子(江戸川大学教授・本学会理事)
　　報告者　①田中　義岳(帝塚山大学講師・本学会理事)

　　　　②岡内　須美子(高松市副市長・本学会理事)
　　　　③直田　春夫(NPO政策研究所理事長・本学会理事)

■第2分科会「青少年問題とコミュニティの課題」
　　司　会　山口　祐子(浜松市議会議員・本学会理事)
　　報告者　①奥田　陸子(子どもの遊ぶ権利のための国際協会(IPA)日本代
　　　　　　　表、NPO法人「子ども&まちネット名古屋」顧問)
　　　　②竹内　よし子(えひめグローバルネットワーク代表)
　　　　③池田　満之(岡山市京山地区ESD推進協議会会長)

■第3分科会　自由論題(1)
　　司　会　伊藤　雅春(愛知学泉大学コミュニティ政策学部)
　　コメンテーター　玉野　和志(首都大学東京都市教養学部)
　　報告者　①亀山　芳香(滋賀県立大学大学院人間文化学研究科　博士後期課程)
　　　　②三村　聡(愛知学泉大学コミュニティ政策学部)
　　　　　　床尾　あかね(東京海上日動リスクコンサルティング株式会社)
　　　　③谷口　功(愛知学泉大学コミュニティ政策学部)
　　　　　　坂本　竜児(NPO法人　中部リサイクル運動市民の会)
　　　　④松下　啓一(相模女子大学人間社会学部)
　　　　⑤若杉　英治(大分大学経済学研究科　研究生)

■第3分科会　(2)　自由論題　会場：66会議室
　　司　会　鈴木　誠(岐阜経済大学経済学部)
　　コメンテーター　安藤　周治(NPO法人ひろしまね理事長)
　　報告者　①武藤　宣道(愛知学泉大学経営学部)
　　　　②田岡　康秀(三重県名張市)
　　　　③石井　浩(日本福祉大学大学院社会福祉学研究科　研究生)
　　　　④山本　素世(奈良県立医科大学　非常勤講師)
　　　　⑤柳井　妙子(奈良女子大学大学院人間文化研究科　博士後期課程)
　　　　⑥辻上　浩司(三重県庁・コミュニティ・ガバナンス研究所代表)

■特別分科会　「これからのコミュニティづくりの課題と展望―高松市の事例
　　　　　　　から―」
　司会・総括　清國 祐二(香川大学生涯学習教育研究センター教授)
　コメンテーター　鯵坂　学(同志社大学教授・本学会理事)
　報告者　①二番丁地区コミュニティ協議会
　　　　　②木太地区コミュニティ協議会
　　　　　③川東校区コミュニティ協議会

コミュニティ政策学会第8回大会　分科会報告

第1分科会報告　シティズンシップの醸成

大内田鶴子（江戸川大学教授）

　第1分科会では、シティズンシップの醸成というテーマで、田中義岳（(財)国際育児幸せ財団）、岡内須美子（高松市副市長）、直田春夫（NPO政策研究所）の各氏により報告が行われた。高松市民、特に大勢の地域コミュニティ協議会の関係者に参加いただき、高松市のコミュニティ政策に関して活発に質疑応答が行われた。司会とコーディネータは大内田鶴子（江戸川大学）が務めた。

　田中義岳氏は市民自治を発展させるために、地域の住民が「身近な公に参加する権利と責務に目覚めること」がシティズンシップの醸成であるとし、住民が自ら目覚めていく例を宝塚市の事例「宝塚での段階的市民覚醒」から報告した。第一段階は行政からの呼びかけ、第二段階は地域の自主活動により、自分たちで修正していく（大衆の自己訓練）、第三段階は市民的実践の集大成としての「まちづくり基本条例」、総合計画策定への参加、第四段階は市全域での地域市民会議の機能と発展として整理した。これらの経緯においては行政の役割が重要で、今後市民自治の活動を継続するためには、コミュニティビジネスへの行政業務の転換が必要であると提案した。

　岡内須美子氏は、現在実施中の高松市のコミュニティ政策について、「当事者意識をいかに高めるか、その仕組作り」の問題としてシティズンシップの醸成

について報告した。高松市では、平成18年から公民館をコミュニティセンターとして位置づけ、その運営を各地域コミュニティ協議会に委託した。各種団体への補助金を「地域街づくり交付金」として一元化し（平成19年）、コミュニティ協議会で協議して使うようにした。各地域協議会等へ、市職員からなる「協働推進員」を配置した。この地域コミュニティ協議会と、行政・議会・市民との関係を明確にするために自治基本条例を策定した（平成21年）。

　問題点としては、職員の側の当事者意識が足りないことを挙げられた。また、補助金の一元化も縦割り各課の対応の違いで事務が煩雑になるなど、行政の側の問題点が指摘された。今後の課題として、「行政はコーディネート役に徹すること」「お金の使途の決定権は住民に」「利害調整は住民で行う」「子供の時から自治意識を育てる」「中間支援組織を育てる」など、行政が一歩下がって、住民が一歩前に出る役割の変化を政策策定、議会、財政など様々な分野で進めることが提案された。

　直田春夫氏は、ソーシャル・キャピタルとシティズンシップ・エデュケーションについて報告した。1969年の国民生活審議会小委員会による、コミュニティの定義を踏まえて、ソーシャル・キャピタルがどう変化したか考察し、今日、開放系の結び方を持つ市民の行動作法への変化と、それらの要素が社会システムとして組み込まれる必要について述べられた。すなわち、ソーシャル・キャピタルが現代的に作動するためには、現代的な「当然と思える規範」に則って個人が行動し、組織が運営される必要がある。その規範の定着（＝シティズンシップの醸成）のためには「学習」「教育」が欠かせない。このため、イギリスやスウェーデンにおける先進的なシティズンシップ・エデュケーションの事例を参考として報告した。

　参加者の多数を占めた高松市民は、制度変更と市民参加の渦中にあり、報告者の議論と抽象度が若干かみ合わないきらいがあったが、シティズンシップの醸成に関してお互いに日ごろの努力と熱意を確認することができた。また、市民の権利義務意識をもっと洗練する必要について確認、啓発した。

第2分科会報告　　コミュニティ政策に欠落する青少年施策
　　　　　　　　　　──若者のために何が出来るか

山口祐子(浜松市議会「市民の風」)

　日本では若者のための施策は不在と言っていい。今、若者の社会に参加する意欲をどのように醸成するのか、重要な課題である。活動報告から、若者世代だけを対象にするのではなく、幼児期・少年期・青年期と継続して「子供が大人になっていく環境」を丁寧に紡いでいかなくてはならないことを学んだ。「テーマ」を設定して「人づくりの種」を蒔き、多様な世代をつなぎ共感を創り出すリーダーの「志の高さ」とエネルギーに圧倒され優れた実践例の「good practice」集の必要性を痛感した分科会であった。

1)　こどもと若者の社会参加は不可欠

子どもの遊ぶ権利のための国際協会日本支部事務局長＆
名古屋市天白区・天白子ネット代表　奥田陸子

　"幼少期の群れ遊びが子どもの社会性を育てる上で不可欠"という確信から「安定した心をつくる乳幼児期の育ち」を可能とするために、地域住民と行政職員との粘り強い協働活動により、「天白図書館」や「プレーパーク」を創られた。2002年には、若い母親のために「子どもが育つまち天白・天白子ネット」を組織し、行政と民間情報を同時に掲載した子育て情報紙を創刊。若者の参加について日本の実態を危惧されて、イギリスの「ヒア・バイ・ライト」を翻訳された経験から、若者の居場所も若者自身に聴かずに作ってしまえば、若者は使わない。地域づくりも子どもと大人が一緒になって活動するのが当たり前である。公園も施設も情報も生き物であり、時代とともに使う人が希望するものに作り替えていって欲しい。文化環境、自然環境も、自分たちが参加してつくるもの、地元住民から意地悪をされながらもめげることなく30年間継続された活動を、おだやかに報告された。

2)　岡山市京山地区のＥＳＤ(持続可能な開発のための教育)活動について

推進協議会会長　池田満之

　「一人の百歩より百人の一歩」を合い言葉に、岡山駅に程近い2万4千人が暮ら

す文教地区で、公民館を拠点に、小学校・中学校・工業高校・岡山大学などの教育機関と、公民館やユネスコ協会、町内会、京山ITサポーターやムービー京山などの市民団体、環境アセスメントセンターなどの企業の連携による地域ぐるみで、青少年を育む日常活動を展開している。過去5年間の活動内容は、地域の環境点検、ESDサミット（地域全体会議）、エコツアー、ESDフェスティバルなど、多岐に亘るが、活動の核をなすのは「ESDサミット」。小学生から大学生、学校の先生、PTAや地域や企業人、教育委員会、議員などが一堂に会して、地域を担う人づくりを地域で行うことを目標に、「環境改善」の課題を共有している。こども達が地域の一員である自覚を深め、ふるさとに愛着を持てるように、多世代の住民と学びあえる事業を作っている。「私が学んだことは、環境のことだけではなく、忘れかけていた地域への思いやりや、地域の人のあたたかさです。」とは、参加した小学生の感想である。地域のソーシャルキャピタルを総動員できるリーダーの構想力が際立っている。

3）「日々の地球市民教育とESD」

えひめグローバルネットワーク　代表　竹内よし子

モザンビークのNGOが主導する事業「武器を自転車やミシン、鍬や鋤に変えて生活向上に努める市民活動」に共感し、放置自転車を松山市から無償で譲り受け、2000年から5回にわたり500台の自転車を送っている。学校との連携で、途上国の問題と日本の一市民の関係を理解する学習を重ね、小学生から大人まで幅広い市民が、募金箱を作り街頭募金を行ない、「汗」をかく機会を通して「放置自転車」から「大量消費」や「平和」の問題に学びを展開している。2003年には「四国NGOネットワーク」を創設し、四国内の大学と連携して共通単位を取得できる「四国・国際協力論」を開講した結果、各県に学生グループが続々と誕生している。2008年には、モザンビークの大統領の愛媛大学訪問を契機にルリオ大学とのESD研究交流を提携。今後は、あらゆる教育の現場とNPOと地域が「対等な」協力関係を築き、複雑多岐にわたる国際・環境・平和問題について、「地域」と「途上国」の現場の両方を、ズームイン・ズームアウトしながら、市民の主体性を引き出す教育を創造していきたいと語られた。

特別分科会　これからのコミュニティづくりの課題と展望―高松市の事例から―

鰺坂　学（同志社大学教授）

　この特別分科会は、高松市の3つのコミュニティ協議会の活動の報告をとおして、これからのコミュニティづくりを展望することであった。高松市では平成14(2002)年に市連合自治会連絡協議会から「地域コミュニティ構築支援等に関する要望書」が提出され、これを受けて市はコミュニティ作り推進本部（助役を本部長とする庁内横断的組織）を設置し、地域住民の支援体制を取っている。そして、従来からあった地区公民館をコミュニティ・センターに転換し、管理運営を地域のコミュニティ協議会に委託するようになった。平成20年には、市の全域の44地区（校区）に地域コミュニティ組織が設立されている。また、平成21年からは、分野別に分かれていた補助金を「地域まちづくり交付金」として一元化し、地域で協議してこれを有効に使うような試みがなされている。

(1)　二番丁地区コミュニティ協議会

　二番丁地区は市の中心部にあり、古くからの市街地や大学などの文教施設、再開発により新しくなった地区や近年のマンションの建設など、古い町と新しい町が同居した地域である。このため、地域内にある香川大学の研究室や学生と連携して「災害マップ」「二番丁100選」の作成に取り組んでいる。特に災害時要援護者マップの作成ではパソコンを駆使して、個人情報に配慮しながら、詳細なものを作っている。

(2)　木太地区コミュニティ協議会

　木太地区は、戦前に高松市に合併した地域であるが、近年、住宅地域として人口が増え現在は3万人を超え、4つの小学校区、3つのコミュニティ・センターを擁している。市内一の人口を抱えているが、旧村以来のまとまりを大切にしてコミュニティの運営を行っている。協議会の中に企画委員会を設け、地域のさまざまな団体と協力しながら、「あまから水祭り」や文化祭、史跡探訪、音楽フェスティバルなど旺盛なイベントが取り組まれている。また、住民はセンターを利用して100を超える同好会に参加してその活動を楽しんでいる。これらの

行事は、協議会のHPや各センターが出す「あまから通信」（広報）によって住民に知らされている。

(3) 川東校区コミュニティ協議会

川東校区は平成18年（2006）年に高松市に合併したばかりの地域であるが、合併を契機に連合自治会を設立、翌年に諸団体も含めてコミュニティ協議会を設置している。最初に取り組んだのは自主防災組織の形成で、要支援者を対象とした安心ネットワークの形成を課題としている。また、校区内には古くから伝わる農村歌舞伎の伝統を引き継いできた地域があり、この出身者だけでなく高松市職員や消防署職員などの参加も得て、歴史的な地域芸能の伝承と後継者の育成をはかっている。

3つの報告それぞれが実践的であり、個人情報の取り扱い、地域活動を保証する財政の問題、新旧住民の交流や相互理解の方途などについて、フロアーからも活発な質問や意見が交わされた。特に、新住民の増加により、地域としては活性化の方向にあるものの、自治会に参加しない住民が次第に増えてきており、新しい住民の参加が課題となっている。総じて、これらの3地区の活動は、30数年前にモデル・コミュニティに指定された地域の「コミュニティ推進の活動」を髣髴とさせるものであった。

書評

鳥越皓之・家中茂・藤村美穂著
『景観形成と地域コミュニティ――地域資本を増やす景観政策』
（農文協、2009年、308頁、2,600円＋税、ISBN 978-540-08305-1）

立命館大学産業社会学部　乾　亨

　かって京都では、三条と四条の間の鴨川にフランス風の橋を架けようという計画に対して、「京都の景観に似合わない」として反対運動が起きたことがある。近年では、広島の鞆の浦を埋め立て橋を架ける計画に対して、「歴史的景観を守れ」という立場から反対する声がある。ここでその是非を論じるつもりはないが、これらの事例には共通する2つの傾向がある。ひとつは、「景観」が第一義的には空間的な存在（美しい空間、あるいは歴史的事象の記憶を伝える空間）とみなされ、それゆえ、その「景観」は、普遍的な価値のあるものとして論じられていることであり、いまひとつは、「美しい景観・歴史的に価値のある景観」は「当該地域住民だけのもの」ではなく「みんなのもの」である、という論調が多くみられることである。そのため、上記2つの事例ではともに、「（京都の・鞆の）景観は国民みんなの財産である」として、地域内での議論を超えて、全国から多くの反対の声が寄せられた。

　「美しい景観や歴史的景観は守りたい」「一度失うと二度と再生できない大切なものである」という素朴な想いは筆者にも強い。がしかしその一方、それぞれの地域で「景観」と密接な関係を取り結びながら暮らしてきた生活者の想いや決断と、その地域と直接関係なく暮らしている「国民みんな」の想いを同値のものとして論じていいのだろうか、地域のことは地域で決めるべきではないだろうか、という疑問も感じてきた。

　本書は、空間論の立場ではなく地域社会学の立場から、上記の問い掛けに明

快な答えを提示する。「景観とは地域住民の生活から滲みだしたものである。だから見える景観のうしろにみえない景観がある」（景観は単なる空間構成ではなく、蓄積された人々の暮らし・生活文化の表出である）、「景観が生活と一体のものである以上、景観が生き生きとしたものであり続けるためには、〈みんなの景観〉（特定の所有者がいない景観）ではなく、〈わたしたちの景観〉（コミュニティが支配権をもつ景観）でなければならない』と言い切る本書は小気味がいい。

　「美しい景観」とはどんなものか（「美しくない景観」とはどんなものか）。「美しい」とは誰がどんな基準で判定するのか（「美しくない」と判定されるものは残さなくていいのか）。そもそも「景観」とはなにか、そしてなによりも「景観を守る・変える・つくる」というときの主語は誰なのか（保全するべきなのか変える必要があるのか、誰が決めるのか）…景観法が施行され、「景観」が地域の生活者から乖離した「絶対的価値」のように受け止められる傾向が進行しつつあるいま、景観を考えるということは、その地域の習俗や歴史、地域組織のあり方まで含めて、その地域の生活者の暮らしやコミュニティと向かい合うことだという本書の主張は、景観論の研究者だけでなく、行政職員やまちづくり関係者など、当事者として景観問題に向かい合う多くの人たちにとって示唆に富む。

　本書は、第1章で「景観」に向かい合う「態度」と「政策」に関する論理を提示した上で、第2章以降では、沖縄や九州における農山村コミュニティにおける事例研究によって第1章の論理を補強する構成となっている。3名の著者による分担執筆であるが、すべての章において基本的スタンスにぶれがなく、本書全体を通して著者たちの主張が一貫して伝わってくる点において、共同研究の質の高さがうかがえて好ましい。

　第1章において、著者は、景観はその地域の生活からにじみ出たものなのだから「〈美しい〉景観を〈つくる〉」ための景観計画はまちがいであり、景観計画は、少なくとも生活の必要の論理から説き起こすものでありたい、として、「じかた（地方）からの景観論」の重要性を説く。

　その際、実際の土地の所有者（例えば開発業者）ではなく地域の生活者（地域のコミュニティ）を景観計画の主体に据えるための論理として、「共同占有」（対象に対する働きかけによって生じる本源的所有＝共同で支配権をもつ事実を根

拠とする権利。所有権とは抵触しない）の考え方を引用し、「オレたちの土地のことはオレたちできめる」というあり方の正当性を論じている点は参考になる。また、「地方（じかた）からの」景観政策の基本的姿勢は、とにかく自然を守ろうという「自然環境主義モデル」でも環境破壊を技術で修復しようという「近代技術主義モデル」でもなく、そこでの生活を活かしながら環境問題を解決していく（生活の側から自然を騙しだまし生かしていく）「生活環境主義モデル」である、という主張は説得力がある。このモデルでは、人間の手が加わることで純粋の自然ではなくなるが、それでかまわないという、現場主義的な柔軟な立場が特徴であり、「土かコンクリートか」いうハード面における二項対立的選択ではなく、「生活を活かせるのはどちらの方か」に基準をおいて判断する必要がある、という考え方に立つという。

たしかに、「景観が生活から滲み出す」ものだとすれば、景観政策の要諦は「モノ＝空間」をどうするかでなく、その地で暮らす生活者の「暮らしを守る・継承する」ことから考え始める必要があるし、景観を「守るのか、変えるのか」「どう変えるのか」という選択も、その地の生活者の生活から（想いもふくめて）発想されなければならない。さらに言えば、「景観政策」の主体はその地域の生活者（コミュニティ）でなければならないことになり、その意味において本書は、現行の景観政策に対する提言という性格をもつ。

事例編は、第2章が竹富島の町並み保全と地域の関わり、第3章が阿蘇の草原保全と農民の関わり、第4章が沖縄の白保・竹富・恩納村の開発問題、第5章が宮崎県諸塚村における人と自然の関係、そして第6章が地域からの観光開発、について論じられており、いずれも丁寧な調査にもとづく質の高い事例研究である。

なかでも、竹富島の町並み保存運動に着目し、内発的な景観保全の意味と可能性を論じる第2章は、保存運動の経緯や地域住民組織のかかわり方、伝統行事である「種子取祭」の生活の中での位置づけなどについての丁寧なフィールドワークによって裏打ちされた興味深い論考である。著者は、竹富島においては、「個人の利益追求は、全体の利益（ここでは美しい景観）と矛盾する」という近代主義経済の論理を回避し、排他的独占的な土地所有権を乱用するような振る舞いが慎まれることで景観上魅力的な場を形成し得ているとしたうえで、その要

因として、地域生活をよりよいものにするために自らのとるべき行動を決定する「地域生活規範」(世代を経て蓄積してきた「生活の型」にもとづき、住民によってそれと意識されずに働いている「選択基準」)がいまも存在し、それが「生活の仕組み」をつくりだし、結果として、町並み景観を維持する力となっていることを明らかにしている。本章で、具体的論証を通して述べられている「生活の規範を抜きにして景観の政策は考えるべきではない」という提言は、第1章の論理をより補強する力を持つ。

　第5章の論考も新規性が高く興味深い。ここでは、厳しい条件下に置かれながらも村人が林業からはなれず和気あいあいと山仕事をしている諸塚村での調査を通して、農山村、とりわけ自然との関係がより深い山村部で暮らすと決めた人たちは、循環する自然と時間の中で生きること、すなわち繰り返しのなかで生きることを当然のこととして受け入れるひとたちであり、合目的的な働きかけによる変化と発展を「勝ち」とする近代主義的観点から言えば「負ける勇気」を持った人たちである、と論じたうえで、そのような人たちにとって、景観(自然と暮らしの関係は)も「目的」的ではなく、ただ「ある」ものである、と看破する。それゆえ、地域の資源や機能という観点で暮らしのまとまり(景観)をとらえることは、農山村の人たちにはなじまない。自然の繰り返しのなかで営まれてきた農林業も、その結果としてある「文化的景観」も、それ自体の中には目的も計画もない、という指摘は新鮮で示唆に富む。さらにそれに関連して、第3章において紹介された「阿蘇の草原保全をめざす市民運動が地域の農民たちに浸透しない」という現象に論及し、阿蘇の農業者が、「最初から作為をもって草原や草原景観を守る」ことを目的とした呼びかけに応じられなかった根源的理由をこの点(農山村の人々は「目的」的「運動」になじまない)に求めていることも卓見である。

　しかし、景観は生活から滲み出すものであり、景観を「地域資源」として「目的」的にとらえることは農山村の生活者にはなじまない、とする著者たちの見方は、景観を地域資源として活用しようとする「観光開発」とは矛盾する。そのせいであろうか、わが国の霞ヶ浦・潮来の事例に加えて、中国の白洋淀やイギリスの湖水地方など海外事例も含めて水辺景観における観光開発事例を紹介しつつ、地域の生き残り戦略(生業づくり)としての「地域活性化型観光開発」(観

光が刺激剤となって、景観が維持され、地域社会が経済的にも文化的にも活性化する)の可能性を論じる第6章は、前章までに比べると歯切れが悪い。著者自身、その矛盾を自覚しており、個々の地域の個性を重視し地域内部から発信する「地域活性化型観光開発」は地域の景観保全・景観づくりにプラスであると論じる一方で、『本書では景観を生活(生業)から滲み出るものであるべきだと主張した。だが、観光がめざす「魅力」は生活を利用することがあっても、その本質に見世物的要素があるから、われわれが目指す景観とは異なることになる』ことも認めている。

著者は、「景観」を軸に考えた場合「見世物」(観光)と「生活」は対立することを認めたうえで、その対立を解消する方向性として「お国自慢」というあり方を提案しているが、観光(見世物)と生活を「うまく」(住民が主体的に、したたかに、内発的に)乗り越え得た例を竹富島以外に提示できておらず[*1]、説得性に欠けるといわざるを得ない。

もちろん、「地域活性化型観光開発」への道程を明確に示しえなかったからといって、豊富な事例をもとに「地域の生活者のものとして景観を捉えなければならない」と提起する本書の価値が損なわれるものではない。そのことを再度確認したうえで、一点だけ期待を込めて、著者に対して課題を提起して本書評を終えたい。

景観をめぐる今日的課題のひとつは「外部からの価値と内発的価値の対立をどう乗り越えるか、あるいは調整するか(開発するにしろ、保全するにしろ)」であり、本書がこの点について明確な論理を提供した点を高く評価したい。しかし、いまひとつの大きな(しかも実践的にはより重要な)課題である「地域コミュニティの意思はひとつではない。とすれば、それは地域の中でどのように調整されるのか」あるいは「多くの地域において、〈地域生活規範〉の基盤であるコミュニティの一体性が失われつつある状況の中で、〈内発的な地域の意志〉とはどのようなものなのか、どのように決まるのか」についての論考が少ないことが残念である(竹富島や白保の事例のなかで「組織による社会的正当性の確保」についての論及は多少あるが)。最初に例示した京都や鞆の事例をはじめ、いま各地で起こっている景観問題の多くは、「外部の開発者vs地域の生活者(コ

ミュニティ)」や「行政vs地域住民」という単純な図式ではなく、地域住民のなかに価値対立や混乱が存在し、そこに第三者(外部や行政)が絡み合って問題を複雑化している事例であるとすれば、その解決のために求められるものは、地域コミュニティ内の話し合いのプロセスと合意決定の仕組みついてのよき知恵であり振舞い方である。例えば、本書によれば、竹富島でも、島内住民間で開発か保全かの対立があったという。その対立がどうなったのか(一体化しえたのか、それとも一方が一方に勝利したのか)、今は「島の意志」はひとつなのか、だとすればどのように対立を乗り越えたのか…そのあたりをこそ学びたい。続稿を期待する。

註1：本書では「お国自慢」の好ましい事例としてイギリスの湖水地方が引用されているが、(本書でも認めている通り)湖水地方のピクチャーレスキュな景観は都市の富裕層が「発見」し「創出」したものであり、「地域の生活から滲み出した」ものではない以上、本書の提示する論理でいえば、そこで語られる生活(お国自慢)も、演出(見世物)であることになるのではないかと考える。

書　評

名和田是彦編
『コミュニティの自治──自治体内分権と協働の国際比較』
（日本評論社、2009年、276ページ、4,700円＋税、ISBN 978-4-535-58534-8）

滋賀県立大学人間文化学部　丸山　真央

　地方自治制度では市町村が最小単位とされるが、実際にはより狭域の「地域的まとまり」が存在する。本書はこれをコミュニティと捉え、その自治制度を、自治体内分権の視点から分析する。対象となるのは7カ国のコミュニティ自治である。コミュニティの法社会学、コミュニティ政策研究を牽引する編者を中心に、中堅・若手研究者たちの手によるスケールの大きな国際比較研究である。以下、紙幅の限り内容を紹介しながら本書の意義を考えてみたい。
　まず第1章「現代コミュニティ制度論の視角」（名和田）で示されるように、本書全体の分析枠組の中核をなすのは「コミュニティの制度化」概念である。コミュニティでは集合的な意思決定と共同的な役務が必要だが、それには法や条例の裏づけが欠かせない。かかる「制度化」は時代を経るにつれて進むが、2つの方向性、つまり「参加型」と「協働型」の2つの制度化があると著者はいう。前者が意思決定に関与する「参加」の制度化であるのに対し、後者は公共サービスの提供に関与する「協働」の制度化である。こうした「[コミュニティの]制度的な扱いは各国さまざまである。これの相互比較と現代的傾向の解明こそ本書のテーマにほかならない」（p.3）。かかる視角と概念装置から、以下では各国の「コミュニティの制度化」の諸相が綿密な調査をもとに描き出される。
　第2章「近年の日本におけるコミュニティの制度化とその諸類型」（名和田）では、1970年代に主流だった「参加型」が、90年代以降「協働型」へと転轍されていく日本の「コミュニティの制度化」史が整理される。「福祉国家の危機」以降、「参加型」から「協働型」への展開は世界的な潮流だが、その傾向は日本で特に著し

い。本章で明らかにされるとおり、近年「平成の大合併」に伴って制度化された「地域自治区」は「『協働型』の制度化」の最たる例である。

続く第3章「現代ドイツの都市内分権と『市民社会』」(名和田)では、ドイツ・ブレーメンの事例が検討される。福祉国家の伝統をもつドイツでは、「参加型」の性格が今なお根強いながら、近年ではボランティア活用論とともに「協働型」への転換が進んでいるというのが興味深い。

第4章「スコットランドの地域評議会——制度の基本的構想とその機能の実際」(渕元初姫)では、合併に伴う自治体広域化に対応して設けられた「地域評議会」という住民代表組織に焦点があてられる。ここで目を引くのは、この組織が「実際の運用においては、あくまで諮問機関として地域の総意を表明するに過ぎず、対外的拘束力をもた」ないにもかかわらず「参加によって意思が形成されていく過程そのものが重要視されている」(p.106-7)点である。つまりこれが「地域問題の発見・討議」や「民主主義教育」といった民主的機能をもつとみる著者の見立ては、日本の「地域自治区」の可能性に関心をもつ者にとっても示唆的である。

第5章「フランスにおける地区改善政策と近隣の民主主義法の実施過程——グルノーブル市南部を事例に」(高村学人)では、近年制度化された「近隣住区評議会」が分析される。興味深いことに、これは「参加型」の機能を強くもつ一方で、「協働型」の機能をほとんど演じておらず、著者によれば、これこそが「フランスモデル」の特徴である。アソシアシオンの社会的つながりの伝統をもつフランスでは、上位の制度政治に物申すことがコミュニティの重要な機能であって、そこが日本と異なる。

こうしたフランスモデルの特徴は、同章補論「フランスにおける小規模コミューンとコミューン間協力組織——今ひとつの『地域的まとまり』の模索とその課題」(羽貝正美)にも垣間みえる。人口1万未満のコミューンが大半を占めるフランスでは、分権改革の中で「小さな自治」と公共サービス提供の間で課題が生じているが、一部事務組合にも似た「コミューン間協力組織」がこれを解消している。こうした「小さな自治」を重視する制度設計には、同様の課題をもつ今日の日本でも学ぶところが多そうである。

第6章「アメリカの都市内分権思想とコミュニティ開発法人」(宗野隆俊)で着

目されるのは、低所得層住宅の供給を主な事業とする非営利組織である。この組織は政治的影響力をもち「都市内分権の観点からも注目すべき存在」(p. 172)だが、第4章の事例と似た機能、すなわち「民主主義の枢要な役割に関する古典的な見方(民主的意思決定過程の持つ教育的効果)にも通じる」(p. 207)役割をもつと結論づけられるのが特に面白い。日本では類例を見出しにくい組織ながら、狭域自治の役割という意味で示唆するところ大である。

　第7章「フィリピンの自治体内分権と地域協働——メトロ・マニラ首都圏ケソン市におけるバランガイの事例から」(荒木千晴)と第8章「インドの身近な地域的まとまりの素描」(西谷内博美)は、公共サービスの提供を政府セクターが十分に行えない途上国の事例である。いずれもさまざまな困難を抱えながらも、少なくとも制度的には、コミュニティ自治は途上国でも進みつつあることがうかがえる貴重な事例報告である。

　以上のように、各国のコミュニティ自治の重厚な事例記述をまとめ上げたのが、まず何よりも本書の傑出した達成である。しかも単なる事例の羅列に終わらず、「コミュニティの制度化」という枠組によって比較分析に成功しているのも特長である。編者は先の単著で「本書は……既存の理論書の紹介や引き写しではなく、フィールドからの手作りの理論を提示するものであり、その点に本書の特徴があるかと思う」(『コミュニティの法理論』創文社、p. v)と述べていたが、現場から理論を組み上げるこの魅力的な方法は本書にも確実に引き継がれている。こうした分析枠組と方法によって得られた知見が、今日の日本のコミュニティ自治に豊富な示唆を提供してくれるのも本書の優れた点であろう。

　ただ最後に勝手な望みを述べさせてもらうならば、俎上にのせた7カ国のコミュニティの自治を、比較の視点から総括した章が読みたかった。さらに勝手をいえば、コミュニティの視座からの比較国家論が可能だったのではないかとの思いが残る。編者による第1〜3章にこうした視点が垣間みえるし、多くの章が社会問題地区に焦点をあてているだけに、コミュニティ研究からの比較福祉国家論という他にない議論を展開することも可能だったはずである。

　とはいえ、かかる多様な読みに開かれるのは、本書が魅力的な骨組みと肉付けをもつ証左でもある。研究領域を超えて、あるいは研究者と実践家の境を超えて、コミュニティの制度設計に関心をもつすべての人に示唆深い必読書である。

― 書　評 ―

広井　良典著
『コミュニティを問い直す──つながり・都市・日本社会の未来』
（ちくま新書、2009年、292ページ、860円＋税、ISBN 978-4-480-06501-8）

豊中市役所　田中　逸郎

　コミュニティというテーマを幅広い角度から考えていきたいとし、著者はまず「生産⇔生活」「農村型⇔都市型」「空間（地域）⇔時間（テーマ）」コミュニティという3つの視点を提起している。そのうえで、そもそも人間にとってコミュニティとは何かという問いを投げかけることから論をはじめている。
　前段の3つの視点については、「カイシャ」と「(核)家族」という同質性・閉鎖性の強いこれまでのコミュニティが孤立感を増幅させているといった文脈へとつながるものであり、比較的馴染み深い。しかしながら、後段の「そもそも人間にとってコミュニティとは何か」について、サルなど霊長類の行動や社会構造を探求した社会生態学の引用から始めているのにはいささか驚かされた。そこから始め、人は最初から社会に結びつくのではなく、その間に中間的集団を持つことから、この中間的集団「内部」と「外部」の社会という2つの関係性を有することとなる。前者（＝内部関係）の原型が〈母親〉との関係であり、後者（＝外部関係）の原型が〈父親〉ではないかと論を進めていく。そして、この「関係の二重性」にこそコミュティの本質があると述べる。
　本書の魅力は、著者が学問領域をこのように自由奔放に超えて論を展開するところにある。その分、論点が多様に広がりクロスオーバーしていく。しかし考えてみれば、孤立を深める現代人が自律的であることを保ちながら、再びつながることができる「新たなコミュニティ」を展望するというのが本書のテーマである以上、むしろ当然のことなのかもしれないが。多方面にまたがる諸課題について、プロローグで打ち出した「関係の二重性」という概念をもとに、やや

もすると拡散しがちな論点をうまく束ねていくところは刺激的で、読み応えがある。

　具体的な政策提言もある。福祉政策・コミュニティ政策・都市政策を統合させた「持続可能な福祉都市」構想である。教育の充実による「人生前半の社会保障」、公的住宅等「住宅の保障機能の強化」、土地利用の社会化のための「公有地の積極的活用」などをとおして、空間格差や社会的排除を生みにくい都市づくりを提言している。成長を尺度とする座標軸が成り立たない現代社会においては、各地域の地理的・風土的多様性に着目し、福祉をコミュニティや都市空間のあり方と一体のものとしてとらえ直すという処方箋を提示している。

　コミュニティをめぐる諸課題を「①人類史的な次元、②ポスト資本主義の次元、③日本社会固有の次元」に整理しながら論を進めてきた著者は、「今後は『地球倫理』とも呼べるような大きな思想が、立ち上がってくるのではないでしょうか」(2009年12月13日、「大佛次郎論壇賞」受賞時の朝日新聞記事)という。新たなコミュニティづくりの実践のなかから、21世紀を共に生きる公共哲学が創出されることを期待したい。

『コミュニティ政策』編集規程

1. 『コミュニティ政策(以下「本誌」という)』は、コミュニティ政策学会の機関誌であって、年1回発行する。
2. 本誌は、原則として、本会会員のコミュニティ政策関係の研究成果の発表に充てる。
3. 本誌は、論文、研究ノート、書評、大会報告等で構成する。
4. 研究ノートは、事例報告、海外の動向、研究のレビューなどとする。
5. 本誌の掲載原稿は、会員の自由投稿原稿と編集委員会の依頼原稿とから成る。

『コミュニティ政策』投稿規程

1. 本誌に投稿する論文や研究ノートは、コミュニティ及びコミュニティ政策並びにそれらに関連する内容を扱った、原則として日本語の論文であり、他に未発表のものに限る(なお学会などでの報告発表はこの限りではない)。
2. 投稿は次の指示を遵守して行うものとする。
    (1) 投稿を希望する者は、投稿する号を担当する編集委員会事務局宛、締め切り日までに(必着)、別途定める執筆規程に従ってワープロ等で作成した論文や研究ノートのオリジナル原稿1部及びそのコピー2部と、投稿申し込み用紙1枚を送付する。コピー2部の作成に当たっては、執筆者所属氏名を消去することとする。
    (2) 投稿申し込み用紙(様式自由)は、以下の事項を明記することとする。
        ①氏　名
        ②住所、電話・ファックス番号、E-mail
        ③所属・役職等
        ④論文の題名
3. 論文や研究ノートの掲載の可否並びに修正指示は、レフェリーによる査読を経て、編集委員会が決定する。査読のルールは以下の通りとする。
    ・査読者は、編集委員から1名、それ以外から1名とし、論文の専門性に合わせ編集委員会で選定する。
    ・評価のランクは、1)掲載する、2)修正の後掲載する、3)大幅な書き直し

等が必要なため今回は掲載を見合わせる、の3段階とする。
・締め切りは毎年11月末とする。
4. 論文や研究ノートの掲載を認められた投稿者は、指示に従って必要な修正を行った上、完成原稿1部とともに、原稿のデジタル・データを指定期日までに提出する。なお、提出するファイルの形式は、MS-Wordまたは一太郎とし、それ以外の場合はテキストファイルとする。文書作成ソフトの自動機能等は使用しない。
5. 掲載確定後の著者校正の際には、原則として誤字誤植以外の訂正を認めない。

『コミュニティ政策』執筆規程

1. 論文や研究ノートの分量は下記の通りとする(図表、注、文献リスト、和英要約を含む)。なお、図表の字数換算はA4判で1/4頁大＝400字相当、1/2頁大＝800字相当として計算する。提出にあたっての紙媒体への打ち出しは、A4判横書き、1頁全角40字×40字の印字を基本とする。
    ○依頼論文(特集論文)：10,000〜20,000字(図表、注、文献リスト、和英要約を含む)
    ○自由投稿論文：10,000〜20,000字(図表、注、文献リスト、和英要約を含む)
    ○研究ノート：6,000〜12,000字(図表、注、文献リストを含む)
2. 論文には、本文(図表を含む)のほか、和文要約(600字以内)、英文要約(300語以内)とキーワード(日本語・英語、3語〜5語)を添付することとする。
3. 論文と研究ノートの構成と書式は、以下を基本原則とする。
    (1) 第1頁の構成
        1行目　和文題目(全角、中央揃え、副題がある場合は2行にわたることも可)
        2行目　英文題目(半角、中央揃え、副題がある場合は2行にわたることも可)
        3行目　空白行
        4行目　執筆者氏名(右寄せ)
        5行目　執筆者氏名の英文表記(半角、右寄せ、例AICHI, Taro)
        1行空白ののち、本文をはじめる。
    (2) 本文中の小見出しの表記—数字の後は、1字分スペースを置く。
        ①章は、1　○○…　2　3　(例　1　コミュニティの…　)

②節は、1.1　○○…　　1.2　1.3　（例　1.1　町内会における…）

　　③項は、1)　○○…　2)　3)　（例　1)防災活動の…）

(3)　本文への説明注

　　　該当箇所の右肩に、上付き文字で順に…1)2)と番号を付し、注は本文末尾に一括する。

(4)　文献リスト／文献注

　　①本文と注で言及する参考・引用文献等は、一括してアルファベット順に並べた　文献リストを作成し、論文末尾に付す。

　　　　a　各文献の表記は、基本的に、書籍の場合は、著者氏名、西暦発行年、書名、出版社の順に、論文の場合、著者氏名、西暦発行年、論文名、掲載誌名・巻・号、出版社、（または編者氏名、収録書名、出版社）該当頁の順とする。

　　　　b　同一著者が同一年に発行した複数の文献は、発行年を2000a、2000b…のように表記して区別する。

　　　　c　翻訳書には、原著書名を付し、原著書と翻訳書の双方の発行年を明示する。

　　②文献注は、上記文献リストへの参照指示という形で示す。すなわち、本文や注の該当箇所に(著者の姓、西暦発行年：該当頁)を記して、リストの該当文献の参照を指示するという形式をとる。例：(Giddens 1998：150)

(5)　図・表等の挿入

　　①図・表等を挿入する場合は、原稿の該当箇所に挿入もしくは添付する。ただし、掲載が決定したのちに提出する完成原稿では、図・表等は別紙に作成し、本文中に挿入箇所を指示する。

　　②図表において使用する文字は、A5判に縮小しても判読可能な大きさにする。

　　③他の著作物からの引用は、出典を明記し、必要なら著作権保有者から許可を得る。

　　④図・表は、それぞれ、(図-1)(表-1)のように通し番号およびタイトルを付ける。なお、タイトル位置は、図の場合にはその下、表の場合にはその上とする。

コミュニティ政策学会　第IV期 役員名簿　（任期2008総会～2010総会）

理事・会長	中田　實	（名古屋大学名誉教授）	
理事・副会長	篠田　昭	（新潟市長）	
理事・副会長	林　泰義	（玉川まちづくりハウス運営委員）	
理事・副会長	名和田是彦	（法政大学法学部教授）	
理　事	鯵坂　学	（同志社大学社会学部教授）	
理　事	安藤　周治	（NPO法人ひろしまね理事長）	
理　事	井岡　勉	（同志社大学社会学部名誉教授）	
理　事	石田　芳弘	（衆議院議員）	
理事・事務局担当	伊藤　雅春	（愛知学泉大学コミュニティ政策研究所所長、教授）	
理　事	岩波　豊明	（諏訪市役所）	
理　事	大内田鶴子	（江戸川大学社会学部教授）	
理　事	岡内須美子	（元高松市副市長）	
理　事	岡庭　一雄	（長野県下伊那郡阿智村長）	
理　事	菊池美代志	（帝京大学文学部教授）	
理　事	木原　勝彬	（ローカルガバナンス研究所所長）	
理　事	新海　英行	（名古屋柳城短期大学学長）	
理　事	直田　春夫	（NPO法人NPO政策研究所理事長）	
理事・研究企画委員長	鈴木　誠	（岐阜経済大学経済学部教授）	
理　事	鈴木　幸育	（愛知県豊山町長）	
理　事	田中　義岳	（帝塚山大学非常勤講師、元宝塚市役所）	
理　事	玉野　和志	（首都大学東京人文科学研究科教授）	
理　事	鳥越　皓之	（早稲田大学人間科学学術院教授）	
理　事	中川　幾郎	（帝塚山大学大学院法政策研究科教授）	
理　事	中西　晴史	（日本経済新聞社編集局地方部編集委員）	
理　事	長谷部英司	（札幌市市民まちづくり局市民自治推進室室長）	
理　事	細江　茂光	（岐阜市長）	
理　事	前山総一郎	（八戸大学ビジネス学部教授）	
理　事	宗野　隆俊	（滋賀大学経済学部准教授）	
理　事	加藤　武男	（豊田市社会部部長）	
理　事	山口　祐子	（浜松市議会議員）	
理事・編集委員長	山崎　仁朗	（岐阜大学地域科学部准教授）	
理　事	山崎　丈夫	（愛知学泉大学コミュニティ政策学部教授）	
理　事	山田　啓二	（京都府知事）	
理　事	吉原　直樹	（東北大学大学院文学研究科教授）	
会計監査	川島　典之	（NPO法人犬山市民活動支援センターの会　専務理事兼コーディネーター）	
会計監査	遠藤　宏一	（南山大学総合政策学部教授）	

編集後記

■会員の皆さんのご協力により、第8号も無事刊行することができました。心からお礼申し上げます。皆さんのご期待にこたえるべく、編集作業を進めるなかで運営方法を少しずつ改めている成果が、内容の充実となって現れているといいのですが、いかがでしょうか。今後は、他の委員会との連携を図りながら「特集」の充実を図ることと、査読方法を改善して自由投稿論文の質をさらに高めることに、とくに努めたいと思います。また、バックナンバーを本学会のHPで公開する件についても、これから具体的に検討していきます。忌憚のないご意見をお寄せください。　　　　　　　　　　　　　　　　　　　　（山崎仁朗）

■今回は、自由投稿論文の投稿が多く、編集委員会としてはうれしい悲鳴を上げました。今後もどしどし投稿して、編集員会に悲鳴をあげさせてください。
　　　　　　　　　　　　　　　　　　　　　　　　　　　　　　　（乾亨）

■コミュニティへの期待に満ちた眼差しに対し地域はどれだけ答えることができるのか。いま「自治」が地域（住民）にも問われています。本誌も地域のエンパワーメントに寄与したいと思っています。　　　　　　　　　　　　（直田春夫）

■今回で3回目の編集作業になりました。ようやく学会の仕組みもわかりかけてきました。北海道の大会では、自分も研究発表を行い、会員の批判を仰ぎたいと思います。　　　　　　　　　　　　　　　　　　　　　　　　　（高村学人）

■今回の第8号から編集委員を務めさせていただくこととなりました。これまでの行政経験に加え、市民活動の実践や大学院での研究活動をもとに、微力ながら本誌の充実のためにがんばりますので、よろしくお願いします。なお今回は、専門分野を持たない者のあつかましさで、不慣れながら書評を担当しました。　　　　　　　　　　　　　　　　　　　　　　　　　　　　　　　（田中逸郎）

■当学会の設立準備の動きから概ね10年。小生は中川先生と共に当初から編集委員の末席を汚してきて、今年度からは別の委員会に移りますが、各委員の並々ならぬ尽力もあって、当学会誌も充実してきたように思います。自由投稿論文が増え、査読することも大変だと感じますが、この学会誌が多くの研究や活動に活かされ益々進展することを願ってやみません。　　　　　　　（田中義岳）

■広く市民や行政に開かれた学際的な学会の編集委員をさせていただくことに

なり、大変うれしく思います。民主的な政策により貢献できるような学会誌をつくりあげていくお手伝いをしたいと思っています。よろしくお願いします。

(谷口功)

■相変わらずあまり力になれていない編集委員で恐縮です。皆様のご尽力に感謝、感謝です。偉そうなことはいえない立場ですが、自由投稿論文なども、それなりの投稿数が確保されるようになり、大変結構かと思います。しかし同時に、実務家と研究者が同居する学会のむずかしさも出てきたように思います。今後、審査の仕方など、少し整備が必要になってくるのかもしれませんね。

(玉野和志)

■前回に引き続き大会の基調講演とシンポジウムのまとめを担当させていただきました。また、論文等の査読も少し関わりましたが、学識者でない者が現場感覚で物事を見てしまうことの難しさを実感した次第です。　(辻上浩司)

■最近、「地域主権」という言葉がややもすると一人歩きしている観がある。中には、地方分権とはむしろ逆行する自治体首長への単純な集権化を期待している面もあるのではないかとすら思える。もちろん地方分権は、権限だけではなく義務と財源の三点セットで語られなければならない。その意味から、民主党の地域主権戦略会議と地方行財政検討委員会での議論を注意深く見守りたい。一方で、この機関誌が一貫して取り上げてきているように、市町村を中心とした新たなコミュニティ政策への取り組みが進みつつある。上記組織などでの議論が、市民社会、コミュニティへの分権とどうつながるのか、自治体コミュニティ政策にどのような影響があるのか、その点こそコミュニティ政策学会が注視しているところでもある。

(中川幾郎)

Japan Association for Community Policy
Research for Community Policy №8

CONTENTS

Preference
Develop the basic indicators on regional disparity and the decline of community conditions, and visualize the indicators for realistic Community Policies.

HAYASHI,Yasuyoshi

Report of 2009 Annual Conference (8th)
Keynote Speech ""Growing Interest in the Community Policy in Central and Local Governments as well as in Local Communites"" NAWATA,Yoshihiko
  Symposium   "Toward a Regeneration of Local Communities"
  symposist   TSUMURA,Shigemitsu ／ KAMEI, Toshikatsu ／ OHNISHI, Hideto
  coordinator HAYASHI,Yasuyoshi

Special Articles: Present Stage of Community Policy
(1) Local Autonomy District and Community Tax   SHIIKI,Takashi
(2) Study on "District Autonomy System" and "Cooperation with Residents" in Toyota City
     TANIGUCHI, Isao et al
(3) Community Development through Taking Advantage of Local Problems   KOJIMA, Kazuyuki

Articles (with Refereeing)
(1) Community Management in the Condominium Increase Region
     (A Case Study of a Community in Central Districts of Kyoto City)   TANAKA,Yukitaka
(2) An Empirical Study of the Relationship between Residence Groups and the Policy Switch of a Municipality in the Urban Development
     — A Case Study of "South Ikuno District Project" in Osaka City —
MATSUMOTO, Hirohiko
(3) Study about Area of Neighborhood Autonomy Organization and Representation.
     —A case study of neighborhood autonomy council of Tamba city —   YAMAMOTO, Soyo
(4) The Relationship between Citizen and Administration in Co-production Projects
     : The Case of Graffiti Busters and Sign Abatement Programs in the City of Phoenix
WAKASUGI, Eiji

2009 Annual Conference (8th) Programs
Session I   OUCHI, Tazuko
Session II YAMAGUCHI, Yuko
Session of regional issues in TAKAMATSU City   AJISAKA, Manabu

Book Review
INUI, koh   MARUYAMA, Mao   TANAKA, Itsurou

Appendix "Research for Community Policy" Instructions for Authors

〈編集委員会からのお知らせ〉

自由投稿論文(第9号掲載論文)を募集致します。締め切りは2010年(平成22年)11月末です。皆様ふるってご投稿くださることを願っております。執筆要領は、投稿規程・執筆規程をご覧下さい。

コミュニティ政策学会　編集委員会

敬称略、編集委員50音順

編集委員長	山崎　仁朗	(岐阜大学)
編集委員	乾　　亨	(立命館大学)
編集委員	直田　春夫	(ＮＰＯ政策研究所)
編集委員	高村　学人	(立命館大学)
編集委員	田中　義岳	(元宝塚市役所)
編集委員	田中　逸郎	(豊中市)
編集委員	谷口　功	(愛知学泉大学)
編集委員	玉野　和志	(首都大学東京)
編集委員	辻上　浩司	(コミュニティ・ガバナンス研究所)
編集委員	中川　幾郎	(帝塚山大学)

なお、乾享、田中義岳は今号をもちまして編集委員から企画委員に異動致します。

ISSN 1348-608X

コミュニティ政策8　　　発行　2010年7月10日

編集　コミュニティ政策学会編集委員会
　　〒471-8532　愛知県豊田市大池町汐取1
　　愛知学泉大学コミュニティ政策研究所気付
　　電話 0565-35-7031　Fax 0565-35-7020
　　E-Mail　a-compol@gakusen.ac.jp
　　ホームページ　http://www.gakusen.ac.jp/commu/a-compol/

発行　株式会社　東信堂
　　〒113-0023　東京都文京区向丘1-20-6
　　電話 03-3818-5521(代)　Fax 03-3818-5514
　　E-Mail　tk203444@fsinet.or.jp　http://www.toshindo-pub.com/

ISBN978-4-7989-0006-3　C3036